Magdi Aboul-Kheir

Papa fertig!

Magdi Aboul-Kheir

Papa fertig!

Mein Leben als Vater

vgs EGMONT

Bibliografische Information der Deutschen Nationalbibliothek
Die Deutsche Nationalbibliothek verzeichnet diese Publikation
in der Deutschen Nationalbibliografie; detaillierte bibliografische Daten
sind im Internet über http://dnb.d-nb.de abrufbar.

verlegt durch EGMONT Verlagsgesellschaften mbH,
Gertrudenstraße 30–36, 50667 Köln

Ein Teil der Texte erschien bereits bei
www.kolumnen.de
und wurde für diese Ausgabe neu bearbeitet

1. Auflage
Redaktion: Gabriele Kalmbach
Produktion: Simone Nauerth
Umschlaggestaltung: Zero, München
Titelillustration: © Annette Klumpp, FinePic®, München
Satz & Layout: Greiner & Reichel, Köln
Druck & Verarbeitung: CPI – Ebner & Spiegel, Ulm

ISBN 978-3-8025-3704-2

www.vgs.de

Inhalt

Für B.
Oder für W.
Oder vielleicht doch eher für T.

Und für alle Eltern, die wissen,
dass Familienleben ohne Lachen ein Irrtum ist.

Statt eines Vorworts:

Können wir uns nicht benehmen wie alle anderen Eltern auch? Tun wir doch!

Vor dem Supermarkt wirft sich ein Mädchen plärrend und brüllend auf den Boden. Das rotlockige Kind ist schätzungsweise drei Jahre alt, die ebenso rothaarige Mutter schätzungsweise Mitte 30 und gar nicht schätzungsweise mit den Nerven am Ende.

»Kannst du dich nicht benehmen wie alle anderen Kinder auch?«, herrscht sie ihre Tochter an.

»Aber das tut sie doch«, sage ich cool und wissend und lächle die Frau milde an.

Die Szene spielte sich vor zehn Jahren ab. Ich selbst hatte noch keine Kinder – und folglich gut reden. Von wegen cool und wissend. Keine Ahnung hatte ich davon, wie Kinder nicht nur unsere Sensibilitäten verändern, sondern wie sehr sie unsere Sichtweisen prägen und unsere Maßstäbe neu justieren. Oder so ähnlich. Auf jeden Fall verändern sie uns und unser Leben umfassend. Einerseits.

Andererseits neigen wir Menschen dazu, vieles von dem zu wiederholen, was uns in Kindertagen widerfahren ist – im Guten wie im Schlechten. Erziehen ist nicht zuletzt eine Auseinandersetzung mit sich selbst, zuweilen ein Kampf mit den Prägungen und Programmen tief in uns drin. Und eines Tages erschrecken wir, wenn wir uns Sätze sagen hören, die wir einst aus Elternmund doof und ärgerlich fanden. Etwa »Hör auf zu schielen, sonst bleiben dir noch die Augen stehen«. Oder: »Solange du deine Füße unter unserem Tisch hast ...« Oder eben: »Kannst du dich nicht benehmen wie alle anderen Kinder auch?«

Eigentlich gibt es in unserer Generation nur einen einzigen Fortschritt: Die Frauen sagen zu ihren Männern nicht mehr »Vati«, und wir Männer sagen zu unseren Partnerinnen nicht mehr »Mutti«.

Und so sind zwar – etwa durch neue Medien und Migration, Sushi und Schwammkopf – eine Reihe von Themen hinzugekommen, mit denen sich unsere Eltern noch nicht herumschlagen mussten, aber es gibt auch viele zeitlose Klassiker. Die vorliegenden, in den vergangenen acht Jahren entstandenen Geschichten widmen sich beidem. Manchmal kann man sich nur die Augen reiben, was mit einem und seinen Liebsten alles so passiert. Und vor allem darüber lachen, denn die besten Pointen schreibt allemal das Leben.

Damit springen wir in die Gegenwart. Meine Töchter Dana und Ida legen in einem Spielwarengeschäft gemeinsam deftige Tobsuchtsanfälle hin, weil sie gewünschte Kleidung für ihre Babypuppen nicht bekommen.

»Könnt ihr euch nicht benehmen wie alle anderen Kinder auch?«, herrsche ich meine Töchter an.

»Aber das tun sie doch«, höre ich hinter mir eine Stimme sagen. Ich drehe mich um. Da steht eine rothaarige Frau, etwa Mitte 40, und neben ihr eine rothaarige Tochter, schätzungsweise im Teenager-Alter. Die Frau wirkt cool und wissend, und lächelt mich milde an.

Die besten Pointen schreibt wirklich das Leben. Rasch eile ich nach Hause. Ich muss unbedingt Mutti davon erzählen.

Lamatrekking im Erzgebirge mit Himpel und Pimpel

Dana hat ein paar großartige Tarifangebote bekommen. Kürzlich ist sie frisch aus dem Krankenhaus in ihre erste Wohnung gezogen und hat sofort Post von der Telekom bekommen. Dana, die sehr geehrte Kundin, ist zwar erst drei Wochen alt und nicht einmal im Besitz eines Babyphons, aber egal. Außerdem ist sie bereits daran gewöhnt, von der Wirtschaft umworben und umschmeichelt zu werden.

Kiloweise werden unsere Tochter Dana und wir mit pädagogisch wertvollen und enorm kindgerechten Schnäppchenangeboten versorgt. Da grüßt gleich mal die entzückende Si-Sa-Singemaus, und schon entdecken und erlernen wir tönend unsere neue Welt: zum Beispiel »Wickeln leicht gemacht« mit dem Gassenhauer »Himpel und Pimpel«. Die Gratis-CD »Milumil-Schlaflied-Hitparade« macht die Entscheidung »Kaufen oder in den Müll damit?« noch leichter. Schon im Krankenhaus hat Dana die ersten Rabatt-Angebote erhalten – gerade erst auf der Welt und gleich Treuepunkte sammeln. Bekommt man fürs Kinderwagen-Schieben eigentlich auch schon Bonusmeilen?

Ebenso unwiderstehlich wie »Himpel und Pimpel« ist das »Goldfüsschen-Bastelset« zur originalgetreuen Reproduktion eines Babyfußes. Wie uns versichert wird, handelt es sich um ein Werk von höchster Qualität und »bleibender Anmut«.

Mit einer Technik, die »die kleinen Lebenslinien und Fältchen interessant hervorhebt«. Das alles selbstverständlich zu einem derartigen Schnäppchenpreis, dass wir uns fragen könnten: Werden diese Kinder-Erinnerungsstücke eigentlich ein paar tausend Kilometer weiter von anderen Kindern gefertigt, die nicht das Glück haben, Himpel und Pimpel zu kennen? Aber von solchen Miesepetereien sollten man sich nicht die Freude über die höchste Qualität und die bleibende Anmut nehmen lassen.

Die Freude steigert sich ohnehin noch durch den edlen Geburtsteller aus Zinn. »Familiengeschichte, unauslöschlich eingraviert oder von Meisterhand auf feines Porzellan gemalt.« Meisterhafte Reliefprägung nach altem Motiv, made in Bavaria. Also garantiert keine Kinderarbeit, oder höchstens von der Jungen Union, aber das ist mir egal. Wer vier Teller nimmt, zahlt nur 29 Euro pro Stück. Wer keinen Teller nimmt, dem entgeht die »Freude, die man sich heute schon mit diesem kostbaren Schmuckstück selbst bereitet« und die »Gewissheit, dass ein solches Dokument die Zeiten überdauert«. Das kann man ja nicht nicht haben wollen. Und wer sind Mama und Papa schon, um dem Töchterchen das vorenthalten zu dürfen?

Aber gleich weiter und willkommen im »Pips-Club«! Mit einem gewissen Abnahmezwang kann man gar nicht zu früh beginnen, am besten schon im Alter von wenigen Wochen. Es freuen sich Pips, das kleine Eichhörnchen, Pito, das Hündchen, Boris, das Bärenkind, und »viele andere neue Freunde«. Zum ankreuzen: »Ja, ich melde mein Kind im Pips-Club an«. Die rein formell notwendige Alternative »Nein, ihr könnt mich mal« haben die Pips-Club-Macher leider vergessen.

So viele schöne Sachen und, man glaubt es nicht, so viele davon auch noch total umsonst. Zum Beispiel gibt es den Otto-Katalog frei Haus, nein, gleich an zwei Otto-Katalogen darf man sich erfreuen, »einer für meine Mutti und einer für mich«, dazu viele wunderbare Werbepräsente wie das »persönliche Pampers T-Shirt für Ihr Baby«. Wie oder vor allem wo trägt man das?

Zähne sind zwar noch auf Monate nicht in Sicht, das macht aber nichts, auf die Kleine warten schon die lustigen Rezepte vom lustigen Käpt'n Iglu für lustige Strandpiraten und besonders lustige Hosenscheißer, etwa die Mozzarella-Raupe »Mampfi«, der tolle Knusper-Dino und die Schatzinsel für den großen Piratenhunger mit lecker Tiefkühl-Brokkoli und superlecker Instant-Gemüsebrühe.

So ein junges Leben voller Luxus ist freilich anstrengend. Ein Glück, dass es Babyurlaub bereits ab dem siebten Lebenstag gibt. Da sind wir ja schon zu spät dran! Maßgeschneiderte Erholung mit Schmankerln wie »Freds Swim-Academy«, »Hokus-Pokus-Zauberschule« und »Smileyplexx-Kino«. Oder gleich den Familienurlaub in Sachsen buchen, mit Knüllern wie »Lamatrekking im Erzgebirge«. Dana kann es kaum erwarten, mit uns dorthin zu fahren. Am besten, wir nehmen Himpel und Pimpel gleich mit.

Hai Deng Hürlimann trifft Osama und Tinkerbell

»Hai Deng!«, schallt es durch den Frühstücksraum des Familienhotels. Brav trippelt Hai Deng, das schwarzhaarige Mädchen mit dem Pagenschnitt, vom Buffet zum Tisch der Familie zurück. Der Vater ist Schweizer, wie unschwer zu hören ist, die Mutter Asiatin. Hai Deng und eine weitere Tochter kommen deutlich nach der Mutter. Ich tippe auf Mongolen, wobei sich meine diesbezügliche ethnologische Kompetenz auf Besuche asiatischer Restaurants sowie das Betrachten von Karatefilmen und Olympischer Spiele im Fernsehen gründet, also angreifbar sein dürfte. Egal, ich mutmaße, dass es sich um eine schweizerisch-mongolische Familie handelt.

Hai Deng belegt sich am Tisch eine Scheibe Graubrot mit reichlich Salami. Müsli isst sie auch. Hai Deng Bircher oder Hai Deng Hürlimann oder Hai Deng Schnyder? Lässt man seine Kinder mit einem solchen klanglichen Paradoxon als Identität durchs Leben gehen? Andererseits sieht das Mädchen unbestreitbar asiatisch aus, und man kann sich durchaus mit Kulturkreuzungs-Namen einen ebensolchen machen, siehe Joan Chen und Jackie Chan und Charly Mohammed Huber, ganz zu schweigen vom Rechtsextremisten Ahmed Huber.

Taugt die Namensgebung heute angesichts der Osterweiterung der EU, der massiven Migrationsströme und der weltweiten Ethnotrends noch zur soziokulturellen Einordnung oder gar zum nationalistischen Akt? Können oder sollen oder wollen all die Michelles und Maiks jemals den Osten abschütteln? Drücken promigeile Eltern ihren kleinen Britneys, Anastacias und Tinkerbells nicht ein lebenslanges Stigma auf? Eifern nicht zu viele Mütter und Väter mit krampfhafter Originalität und zeitgeistiger Geistlosigkeit dem Vorbild der Reichen und Berühmten und Bekloppten nach, wir denken an die wilden Jimmy Blue und Wilson Gonzales, an Brooklyn Beckham und Lily-Rose Melody Depp, an San Diego Franjo Poth, Tallulah Belle Moore und Sage Moonblood Stallone. Und vor allem an Fifi-Trixibelle, Peaches Honeyblossom und Pixie Geldorf. Soll man sich da noch über Hai Deng Hürlimann Gedanken machen?

Man soll. Ich kenne die Problematik aus unmittelbarer Nähe. Als sich bei uns selbst produzierter Nachwuchs ankündigte, stellte sich die Frage, welcher Vorname denn zu Aboul-Kheir passt. Etwas sehr Deutsches, schließlich sollte der neue Mensch ja hierzulande leben? Karl, Hasso, Urban? Hannelore, Kreszenz, Walburga? Oder doch lieber ein nahöstlicher Name, der mit Aboul-Kheir harmoniert, aber zugleich einer, der nicht zu fremd für mitteleuropäische Ohren klingt? Doch schon Karim und Tarek wirken zu arabisch, und Murat kam nicht in Frage, weil ich Tag für Tag eine zehnjährige Göre vom nahen Spielplatz hatte rufen hören: »Komm, Murat, lass uns ficken.« Außerdem: Machen mittlerweile nicht alle osmanisch-orientalischen Namen ihren Träger irgendwie verdächtig? Man denke nur an Saddam und Osama. Auch den Namen des Propheten wollen viele dank des Terrorpiloten Mohammed Atta nicht mehr wertneutral wahrnehmen.

Meine Frau und ich entschieden uns für Ben. Einfach Ben. Das heißt schlicht und treffend »Sohn«, allerdings auf Hebräisch, zum Schrecken meiner ägyptischen Ahnengalerie; andererseits ist Ben in seiner Variante Ibn ein weitverbreiteter arabischer Namensbestandteil, also war dieser Vorbehalt rasch ausgeräumt. Ben also – und zwar nicht als Kurzform von Benedikt oder gar Benjamin, denn Letzteres heißt ja »jüngster Sohn«, und wer nennt sein erstes Kind schon »jüngster Sohn«? Viele, aber denen ist nicht zu helfen.

Es wurde ein Mädchen. Dana. Zum Glück. Denn kurz darauf nahm der Sänger Ben – der mit der auftätowierten Deppenmütze – Charts und Elfjährigenherzen im Sturm, und allein der Gedanke, jemand hätte vermuten können, unser Kind wäre nach diesem Seiermusiker benannt worden, ließ uns zusammenzucken.

Hai Deng Hürlimann ist satt. Die schweizerisch-mongolische Familie erhebt sich, Vater, Mutter, beide Töchter. Auch wir sollten ja noch eine zweite Tochter bekommen, wir nannten sie Ida. Nicht Hai Deng. Aber das Mädchen im Frühstücksraum heißt offenbar ebenso wenig Hei Deng. Hingegen hatten hier die Kräfte eidgenössischer Ethnozentrik gewirkt, und ich hatte nur nicht genau hingehört.

Hei Deng? Von wegen. Der Schweizer Vater und die mongolische Mutter rufen ihre schweizerisch-mongolische Tochter: »Komm, Heidi.«

Der Angriff der Ohrenschänder

Von Kopf bis Fuß eingekotet? Mamas und Papas Kleidung voller Brei, Sabber, Kotze? Die ganze Nacht durchgebrüllt, und niemand hat ein Auge zugetan? Alles halb oder bestenfalls dreiviertel so schlimm, denn diese Erscheinungen treffen Erziehungsberechtigte nicht unvorbereitet. Das ist mit Kindern nunmal so und gehört zu den ersten Monaten und Jahren.

Hingegen hat mich vor den wirklich furchtbaren Dingen des Lebens mal wieder keiner gewarnt. Sie geschehen in der Fußgängerzone: Es handelt sich um die musikalischen Darbietungen gewissens- und ruchloser Zeitgenossen. Die gab es zwar schon früher, in der Zeit vor dem Kind. Aber damals war ich noch in der Lage, sie zu ignorieren, und vor allem musste ich noch nicht stehenbleiben.

Auch ohne das Klischeebild des ponchotragenden Unholds, des panflötenden Schrecken vom Amazonas, zu strapazieren, gibt es ausreichend Anlässe zum Schaudern und Schütteln. Dort, wo ich noch vor Monaten einfach meine Schritte beschleunigte und den Kopf abwandte, werde ich nun von einer kleiner Hand abgebremst und dem schönen Wort »Sick!« zum Innehalten angehalten. »Sick!« ist nicht Englisch, heißt in diesem Fall also nicht »krank«, obwohl das angemessen wäre, sondern steht für »Musik«. Erklärungsversuche, es handle sich bestenfalls um Geräusch, Getöse oder Gequäke, scheitern naturgemäß bei einem Menschen mit weniger als zwei Jahren Hörerfahrung.

Musikalischer Mut bis Übermut, virtuoser Wahnwitz und tönender Größenwahn kennen in deutschen Fußgängerzonen keine Grenzen. »Freude schöner Götterfunken« in der von Beethoven offenbar kurz vor dem Ableben geschaffenen, aber nicht mehr autorisierten Fassung für Schifferklavier und Maultrommel. »Morning Has Broken« als Ukulelen-Duett. »An der schönen blauen Donau« mit Reggae-Drive, »Ave Maria« für ungeübte Stimmbänder und leiernden Kassettenrekorder. Und natürlich – absolut unvermeidbar – das Ensemble »Poncho Five«, das jede Komposition von Anton Bruckner bis Anton aus Tirol in indolenter Konsequenz für Panflöten, Unrhythmusinstrumente und Billigsynthesizer bearbeitet.

Das Wort Folterinstrument hat ja viel mehr Bedeutungen als gemeinhin angenommen. Wer hat die Mandoline aufgefordert, die Alpen zu überqueren? Wann wird eine EU-Kommission den Importstopp für Didgeridoos durchsetzen? Und konnte die Titanic nicht leise untergehen? Aber wirklich schlimm ist: Egal, welche schallende Strafe mich auf der Straße trifft – meine Tochter summt glückselig mit.

Eine schalumwehte Dame an der irischen Harfe spielt »Greensleeves«. Danach spielt sie »Greensleeves«. Zur Abwechslung bringt sie anschließend ein englisches Volkslied zu Gehör, bei dem es sich um »Greensleeves« handeln könnte. Repertoire bedeutet in Fußgängerzonen oft: ein bis zwei Lieder, und die sehr oft. Und wenn es sich doch um mehrere Lieder handelt, klingen sie nach ein und demselben. Das hängt oft auch mit der hohen und auch nicht so hohen Kunst des Arrangements zusammen. Denn selbst ein habilitierter Musikwissenschaftler mit absolutem Gehör ist nicht in der Lage, den Gefangenenchor aus »Nabucco«, »Highway to Hell« und »Hoch auf dem gelben Wagen« auseinanderzuhalten, wenn es sich um die Fußgängerzonen-Fassung für Sitar und Casio-Piepskeyboard handelt. Doch meine Tochter schaukelt zufrieden im Takt.

Alle paar Meter steht ein weiterer Klangverbrecher, daher überlagern sich die diversen Ohrenqualen auch noch. Der Fachmann sprich von Polyphonie. Polyphonpathologie wäre adäquater. Wir lauschen dem auch im Hochsommer pelzbemützten Wolgaschifferchor, der die größten Hits von Boney M. eineinhalbstimmig johlt und dabei seltsamerweise nur »Rasputin« auslässt. Wir gehen endlich ein paar Schritte weiter, bis sich »Rivers of Babylon« auf Russisch mit dem Hummelflug, gesetzt für Kastagnetten und Kunstfurzer, überschneidet. Und aus der Ferne weht der Wind, natürlich, ein pangeflötetes »My Heart Will Go On« dazu. Derart radikales Neutönertum und postmoderne Klanginnovationen trauen sich noch nicht einmal die Donaueschinger Musiktage ihrem Publikum vorzusetzen. Und meine Tochter tanzt strahlend mit.

Egal, wer was wie zum Klingen bringt – ich muss minutenlang zuhören. Besonders grausam: Mit dem Zuhören ist es nicht getan. Ich muss Gefallen heucheln. Ich muss applaudieren. Und ich muss Geld zahlen. Mir graut vor dem Tag, an dem ich höre: »Papa, CD kaufen.« Damit das Übel zuhause als Tonkonserve weiterlebt.

Unglaublich, welcher Schaden damit der ästhetischen Früherziehung meines Kindes angetan wird. Als ob diese zuhause im Kinderzimmer nicht ohnehin schon unter allerhand Klingelgeräten, Glockenmechanismen und Terrortröten leidet, die gewissenlose Paten, taube Tanten und so genannte Freunde der Familie den ahnungslosen Kindern und ihren wehrlosen Eltern schenken.

Die geschmacksverirrende Manipulation in der Shoppingmeile könnte aber ohnehin kein edler Tonträger, der in der heimischen Anlage abgespielt wird, rückgängig machen. Gegen Poncho-Power-El-Condor-Pasa hilft weder formstrenger Barock noch spätromantische Klangschwelgerei, weder gediegener Jazz noch süffiger Pop noch kompromissloser Metal. Statt »Massive Attack« erleben wir einen massiven Angriff auf unsere akustische Zukunft, Würg statt Björk. Und Dana summt und schunkelt und tanzt. Und Dana lacht und lächelt.

Ein Lächeln meiner Tochter ist natürlich jede Mühe und jede Plage und jeden Unbill wert. Ein schöner Satz. In diesem Fall allerdings gelogen.

Unterm Weihnachtsbaum, politisch inkorrekt

Alle Jahre wieder? Nein, mit Kindern stellt sich zu Weihnachten ein ganz unbekanntes Gefühl ein, es ist wie ein neues Fest: der liebevoll glänzend geschmückte Baum, der dünne, aber beherzte Gesang, das warme Kerzenlicht, schließlich die lang ersehnte Bescherung. Die Familie sitzt einträchtig und friedfertig zusammen, im Hause der Schwiegereltern, alle strahlen wie die Christbaumkugeln, doch dann geschieht es: eine echte Bescherung.

Für Unheil sorgt die neue, alte Puppe. Es ist eine schwarze Puppe. Genauer gesagt: eine Puppe mit schwarzer Haut, oder doch eher dunkelbrauner Haut, mit lustigen Klimperaugen und kunterbunter Kleidung. Oma hat sie beim Stöbern im Keller gefunden und der Vergangenheit entrissen. Und nun taucht die Puppe unterm Weihnachtsbaum auf, als künftige Spielgefährtin für die eineinhalbjährige Dana.

»Mit der hat schon früher deine Mutter gespielt«, sagt die strahlende Oma zur strahlenden Enkelin. »Ist das nicht eine schöne ...«, Achtung, jetzt passiert das Unheil, »... ist das nicht eine schöne Negerpuppe?«

»Pscht!«, ruft Mama.

»Herrje, nein!« ruft Papa.

Doch zu spät.

Das Kind, mitten im frühen, neugierigsten Spracherwerb, hat ein neues Wort gelernt. Und das muss natürlich gleich ausprobiert und angewendet werden.

»Negga!«, ruft Dana und drückt die Puppe an sich, dass die Augen nur so klimpern. Wahrscheinlich denkt sie, das sei der Name der Puppe. »Negga!«

Mama und Papa versuchen panisch, zu retten, was zu retten ist. Aber wie soll das funktionieren? Politisch korrekt?

»Wir geben der Puppe lieber einen anderen Namen.«

»Nein! Negga schön!«

»Negga!« Das klingt aus dem Kindermund auch noch wie Nigger.

Ich schreite vehement ein: »Nein, Dana-Maus, das ist eine, eine, äh ...« Afro-amerikanische Puppe? So ein Blödsinn, wir sind doch nicht in den USA. Wie wollen hier doch nicht so einen linguistischen Wahnwortwitz treiben mit unseren, unseren, nun, dunkelhäutigen Mitbürgern mit Migrationshintergrund. Die Puppe sieht ohnehin eher wie eine karibische Figur aus oder wie eine Freundin des »Sarotti-Mohrs«. Was ist eigentlich aus dem geworden, das war doch auch so ein ...

»Negga!«

Mama und Papa sind in heller Aufregung. Wie sagt man es nur dem Kinde? Und was sagt man ihm?

»Maus, das ist eine farbige ...«

»Negga!«

»Ein farbige ...«

»Nein, nicht farbig, das ist auch falsch! Das heißt richtig schwarz. Dana-Maus, das ist eine schwarze Puppe. Ein schwarzer Mann.« Auch das noch.

»Schwarza Negga! Negga, schwarza Negga!«

Der Opa lacht. »Lasst doch das Kind. Das denkt sich doch nichts dabei.«

Meine Frau geht an die Decke: »Ja eben. Himmel, Vater, halt dich da raus. Wer braucht denn so einen Nazischeiß?«

Hurra, jetzt hat das Kind ein zweites Wort gelernt.

»Natzi! Natzioppa!«

Das Kind tanzt glückselig um den Baum. »Negga und Natzioppa, Negga und Natzioppa.«

»Früher hätt's das nicht gegeben«, sagt Oma.

No sex, no drugs, nur Rolf Zuckowski

Sex – so steht es unübersehbar auf dem Kalender. Für den Dienstagabend ist da auf der großen Familien-Terminübersicht, die in unserer Küche hängt, kugelschreiberblau auf weiß eingetragen: Sex.

»Was soll das?«, will ich von meiner Frau wissen.

»Damit wir es nicht wieder vergessen«, retourniert sie.

»Was? Wie?«, frage ich verwirrt.

»Na, dass wir ›Sex and the City‹ anschauen.«

Ich bin beruhigt. Aber nicht lange. »Was sollen nur die Leute denken?«, frage ich meine Frau.

»Ist doch egal. Und überhaupt: welche Leute? Wer liest schon unseren Küchenkalender?«, meint sie lapidar.

»Zum Beispiel der neugierige Heizungsableser«, beharre ich, »der denkt dann, wir haben Sex.«

»Du spinnst«, befindet meine Frau schulterzuckend. »Deine Sorgen möchte ich haben.«

Genau da liegt das Problem. Nicht beim Spinnen und den Sorgen, sondern beim Thema Sex. Paare mit kleinen Kindern üben nur noch selten Geschlechtsverkehr aus, so lautet – etwas gestelzt ausgedrückt – ein gängiges Vorurteil. Was aber völlig übertrieben ist, denn: Paare mit kleinen Kindern haben überwiegend gar keinen Sex. Sie wollen eigentlich nur das Eine: ihre Ruhe. Und davon möglichst viel und auch gerade, wenn sie endlich mal im Bett sind.

Statt Sex, Drugs & Rock 'n' Roll bietet uns Eltern das Leben: no Sex, no drugs, nur Rolf Zuckowski. Wenn ich von einer repräsentativen Studie höre, laut derer die Deutschen durchschnittlich drei Mal Sex haben, denke ich mir: Ja, könnte hinkommen. Drei Mal, also März, August und November. Kann eventuell auch Dezember werden.

Habe ich früher bis zum Morgengrauen auf Partys ausgeharrt, der seinerzeit offenbar ansprechenden Möglichkeit des Restefickens wegen, was ich hiermit ausdrücklich und voller Abscheu bedauere, beginne ich heute, wenn wir überhaupt einmal Gäste haben, bereits ab 21.30 Uhr regelmäßig und demonstrativ zu gähnen. Denn das Verhältnis von Schlaf und Beischlaf gilt es genau abzuwägen. Bestenfalls interessieren mich Buffetreste.

Nur die Welt, die spielt da nicht mit. Werbung, Zeitschriften, Fernsehen, alles ist trivialsexualisiert, pseudoerotoman, permageil. Dabei schaue ich nur noch Filme, die ab null Jahren freigegeben sind und in denen sich niemand küsst, höchstens sprechende Tiere. Und ich blättere nur noch in biederen Haushaltszeitschriften. Allein, es hilft nichts. In Zeichentrickfilmen tragen hüftwackelnde Teenie-Actionheldinnen Miniröckchen, Tanga und Dominastiefel; in den Haushaltszeitschriften bekomme ich Themen wie »Gewürze – die Scharfmacher«, »Kulinarische Verführungskunst« und »Sinnliche Kochfreuden« vorgesetzt. Ganz zu schweigen von meinem zugespamten E-Mail-Account, aus dem ich schließe, dass sich mehrere tausend Zeitgenossen mit seltsamen Namen wie Dong Pomykalski, Fynn Gupta und Rodik Farshbafum nichts anderes als um Funktion, Größe und Ansehen meines Geschlechtsteils sorgen.

Früher hätte mich das ja vielleicht gefreut, aber da gab's noch kein Internet.

Kein Wunder, dass ich einen handfesten erotopathologischen Verfolgungswahn entwickle. Überall Sex, es gibt kein Entkommen. Alles ist phallisch, rein-raus, schluck, du Luder. Ich sehe Konzertplakate: »Dick Brave« tritt in der Stadt auf. Dick Brave, was für ein versautes, pornoekes Pseudonym! Wäre er kein Rocksänger, sondern ein mittelalterlicher Barde, würde er sich vielleicht »Wackernagel« nennen, was dem damals ungefähr entsprach? Ach je, ich schaue in die Programmzeitschrift, am Abend läuft ein Film mit Katharina Wackernagel.

Apropos Fernsehen: Auf Eurosport läuft ein Tennismatch. Nach dem Seitenwechsel wandert einer der weißgekleideten Sportsmänner in seiner aufreizend engen Hose zum Aufschlag und greift sich in die Tasche. Am unteren Bildrand – von wegen sauberer Sport, total versaut ist das – steht: »New Balls«. Was gehen mich dessen Klöten an? So weit sind wir schon! Nein, so weit bin ich schon. Und im Café rege ich mich auf, wenn ein Typ »eine große Latte« bestellt.

Aber nicht nur die Phantasie spielt mir Streiche, auch die Realität treibt es zu bunt. Mein Freund Dr. E., der zu Besuch ist, hat eine neue Gespielin und muss uns, noch frisch und saftig verliebt, mit Anekdoten über die Wonnen des Wundfickens und Entdeckungsrammelns beglücken. Ich betone, dass das seine Original-Wortwahl ist, die ich hiermit ausdrücklich und voller Abscheu von mir weise. Wie auch immer, Dr. E. erzählt ausführlich und detailfreudig, seine frühere Partnerin habe sich immer beschwert, sein Sperma schmecke nach Putzmittel und modrigen Pilzen, während seine neue Flamme meine, es erinnere sie an morgendliche Semmeln und frisch gemähtes Gras. Zu allem Überfluss findet Dr. E., angeblich auf der Suche nach Zahnpasta, in unserem Badezimmer-Spiegelschrank eine Packung Kondome. Haltbarkeitsdatum: vor zwei Jahren abgelaufen.

Und dann attackieren uns auch noch die lieben Nachbarn durch ihre unbeherrschten Handlungen. Oder sind es tatsächlich nur meine Nerven? Aus einer Wohnung unter uns, eigentlich das gutbürgerliche Heim eines Ehepaares um die 60, aus der sonst nur volkstümliche Akkordeonklänge zu hören sind, meinen wir eines Nachts Bettpfostenvibrationen und Matratzenächzen zu vernehmen. Selbst von über uns, wo ein Pärchen mit Kind – mit Kind! – wohnt, dringen plötzlich stoßartige Atemgeräusche durch die angeblich nicht hellhörige Decke. Von der Medizinstudentin im Ein-Zimmer-Appartement will ich am liebsten gar nicht reden. »Soooo geil!«, stöhnt es von dort an meine Ohren, und zwar am hellichten Tag. Muss die nicht für die Uni lernen? Oder ist das gut für ihren Anatomieschein?

Sind alle nur noch am Reiben und Rammeln, am Lechzen und Lecken, am Balgen und Blasen, und das zudem noch alliterierend? Besteht der Körper nicht auch aus Hirn, sondern nur aus Löchern? Ich beschließe, die Welt mit ihren eigenen Waffen zu schlagen.

Als ich in der Tiefgarage das Paar-mit-Kind-aber-trotzdem-am-Werk grüße, fällt mir wie zufällig eine Megavorratspackung-Kondome aus der Einkaufstasche. Ich bemühe mich, verlegen zu lächeln, greife mir noch einen Bottich Vaseline und murmle etwas von einem »langen Wochenende«. Als ich im Treppenhaus die Herrschaften von unter uns treffe, bitte ich sie, wo ich sie jetzt doch zufällig sehe, schon mal um Verzeihung für die kommenden Tage, vielleicht werde es mal etwas lauter zugehen, sie sollten sich nichts dabei denken, es kämen Bekannte zu Besuch, die wir im Swingerclub kennengelernt hätten. Ganz entzückende, liberale Leute.

Schließlich gehe ich in die Videothek und leihe mir einen Stapel DVDs aus. Die Wahl fällt auf »Lutsch-Party«, »Alte Schachteln frisch gebügelt«, »Spritzparade Teil 1 bis 23« und »Geil auf dem Donnerbalken« (der Film war ein Versehen). Wenn ich nun ins Bett gehe, lege ich allabendlich einen Film ein, stelle den Fernseher ausreichend laut, versorge mich selber mit Ohropax, öffne dann Fenster und Balkontüre. Sollen sie doch alle sehen und vor allem hören, wie sie mit uns zurechtkommen, die wir ohne falsche Scheu unsere gesunde Sexualität ausleben.

Habe ich etwas vergessen? Ach ja, »Sex and the City« und der Heizungsableser. Sex, notiere ich für den kommenden Dienstag wieder im Kalender. Ich korrigiere mich und schreibe: »2 mal Sex«. Schließlich läuft eine Doppelfolge.

Papadepp und Frau Punze erziehen ihre Kinder

»Papa Depp!«, schallt es mir entgegen, als ich von der Arbeit nach Hause komme und mich auf den wohlverdienten Feierabend freue. Meine gut zweijährige Tochter Dana hüpft mir strahlend in die Arme. »Papa Depp!«, ruft sie.

Da hat meine Frau offensichtlich ganze Arbeit geleistet. Zum Glück sagt die süße Kleine auch »Papa Cool!« – da hatte ich zuvor ganze Arbeit geleistet. Aber »Papa Depp« findet Dana deutlich besser.

Angefangen hatte es am Vortag, als ich meine Frau in Danas Gegenwart mehrfach als »blöd« bezeichnet hatte, erstens halb im Scherz, zweitens trotzdem zu Recht. Dana hatte mit dem Finger auf ihre Mutter gezeigt und auch »blöd« gesagt. Meine Frau meinte, wir sollten aufpassen, welches Vokabular wir dem Kind mit auf seinen Lebensweg geben. Wir sollten uns ein wenig zusammenreißen. Ich stimmte ihr voll und ganz zu, denn Erziehen heißt schließlich Vorleben und eben auch Vorsprechen. Und nun das. Papa Depp.

»Du dämliche Punze«, rufe ich meiner Frau zu, vielleicht ein wenig arg in Wallung, »was bringst du dem armen Kind für einen Scheiß bei?« Meine Frau ist stocksauer. »Punze« sei ein viel schlimmerer Ausdruck als »Depp«, sagt sie. Ich halte ihr entgegen, das Wort »Punze« sei völlig ungebräuchlich, kaum einer wisse, was es heiße; und im Übrigen sei die ursprüngliche Bedeutung gar nicht abschätzig, es handle sich bei der »Punze«

vielmehr um ein Werkzeug im Goldschmiede- und Graveurhandwerk. Und außerdem, betone ich, lerne Dana kein Wort, wenn man es ihr nur einmal sagt. Also wiederhole ich es, auf meine Frau deutend: »Dämliche Punze.«

Es ist natürlich völlig albern und unreif, Partnerschaftskonflikte über seinen Nachwuchs auszutragen. Noch dazu mit Schimpfwörtern, Beleidigungen und Fäkalausdrücken, die im Kindermund nun wirklich nichts verloren haben. Ich gelobe mir Besserung, nehme meine Tochter zur Seite und sage voller Würde und Ernst zu ihr: »Hör nicht auf alles, was dir deine Mutter sagt, die alte Schabracke.«

Meine Frau kocht – kein Essen, sondern vor Wut – und nennt mich Affenarsch und Hundsfott. Der Wortschatz unserer Tochter wächst im Quadrat.

Gestatten, Papa Affenarsch.

Mama Punze, sehr erfreut.

So kann es nicht weitergehen.

Zur atmosphärischen Entspannung schalte ich den Fernseher an. Ein Politiker fordert mal wieder Benimm-Unterricht an den Schulen. Recht hat der Mann. Ich zappe dennoch weiter. Rudi Völler schreit in einem Rückblick der tollsten TV-Momente »Scheißdreck« zu Waldemar Weizenbier Hartmann. Ich schalte den Fernseher aus. Verheerende Vorbilder für unsere Kinder sind das!

Da bringe ich unserer Tochter doch lieber selbst bei, was sich gehört. Meine Frau belädt gerade die Waschmaschine, sie beugt sich nach vorn, das Shirt rutscht ihr aus der Hose. Ich deute auf den verlängerten Rücken meiner Frau und erkläre meiner Tochter: »Schau mal, Furchen- und Ritzengries.« Meine Frau greift in den Wäschesack, entnimmt ihm eine meiner hochwertigen und geschmackvollen Unterhosen und hält sie unseren unschuldigen Tochter mit angewidertem Gesichtsausdruck unter die Nase: »Riech mal! Klöten- und Eichelschmotter.«

Ein Glück, dass unsere Zweitgeborene, Ida, mit vier Monaten noch zu jung ist, um schon dergestalt negativ beeinflusst zu werden. Andererseits kann ein wenig unbewusste sprachliche Frühprägung nicht schaden. Ich stelle mich an die Wiege und flüstere dem schlafenden Kind 30 Mal »Blöde Furzmutter« ins Ohr. Wer sagt denn, dass ein Kind als erstes Wort »Mama«, »Ball« oder »Auto« sagen muss?

Ich surfe zur Entspannung im Internet, um mich zu informieren, ob der Name Ida in Deutschland eigentlich noch immer ungebräuchlich ist. Aber was ist das? Nur versautes Zeug! Schund, Schmutz und Derbes überall. Google konfrontiert mich mit »Fickluder Ida« und Schlimmerem. Ich bin entsetzt. Aber uns soll keiner sagen, dass wir unsere Kinder nicht richtig aufs Leben vorbereiten.

Wladimir und die Entchen

Ich habe einmal eine sehr lustige Geschichte über Ivan Rebroff geschrieben, als er in einem Altersheim aufgetreten ist. Der Text wurde nie veröffentlicht, denn man muss den Anwälten ja nicht auch noch mit Vorsatz etwas zu tun geben. Man könnte also meinen, ich hätte zum unendlich tieftraurigen russischen Wesen, wie es sich durch Gesang äußert, ein gespaltenes Verhältnis. Aber erstens war Rebroff gar kein richtiger Russe, und zweitens geht es auch anders.

In einem Gässchen unserer Stadt sitzt, zumindest in der warmen Jahreszeit, ein russischer Akkordeonspieler, laut Pappschild heißt er Wladimir. Mit einer charakterstarken Stimme, die in die russische Seele blicken lässt, trägt er wundervolle Lieder vor. Es ist ein Genuss, wenn man ihn – schon von Weitem – hört. Zum Dahinschmelzen, zum Weinen.

Wie gesagt: schon von Weitem. Leider nur von dort. Denn ich bin fast immer mit meinen Töchtern in der Stadt unterwegs. Und sobald Wladimir mich kommen sieht, sei es mit Dana an der Hand oder mit Ida im Kinderwagen oder mit beiden, lacht er aus tiefer slawischer Kehle und legt mit »Alle meine Entchen« los.

Klar, er will den Kleinen eine Freude machen. Doch statt in wahrhaftig russischer Melancholie zu schwelgen, krampft er sich durch das deutsche Kinderliedchen – mit einem derart grausigen Akzent, dass man sich nackt durch den steinigen

Ural geschleift fühlt. »Allääää mainää Äntccchhhhännnnn«. Und dazu tastet Wladimir auf seinem Instrument eine albern-infantile Begleitung daher, dass einem zumindest das Hören endgültig vergeht. Da bleibt nur die Flucht. Noch nicht einmal die Kinder drängen darauf, bei dem Musikus stehenzubleiben – und die legen akustisch oft eine erstaunliche Indolenz an den Tag. Bei Wladimir aber nicht. Er hingegen blickt uns stets freundlich nach.

Das Ärgerliche ist: Seine russischen Lieder sind wirklich schön, und Wladimir singt sie richtig ansprechend. So berichten mir zumindest glaubwürdige Zeitgenossen, die keine Kinder haben. Nur darf ich diese Lieder offenbar nicht zu Gehör bekommen. Niemals. Verantwortlich sind – und das schreibe ich ohne jeden bösen Vorwurf, sondern konstatiere es nur – meine Töchter. Wladimir scheint ein manischer Kinderfreund zu sein. Sobald er meine Dana und Ida und wahrscheinlich auch andere Kinder ausmacht, schwimmen die Entchen los. Wenn wenigstens ab und an »Fuccchhhhs, du ccchhhast das Ganzzz gästohlännn« oder »Hänscccchhhen klainn« ertönte, aber nein, immer nur die Enten.

Da man die großen Kämpfe im Leben sowieso verliert, muss man sich den kleinen Herausforderungen stellen. Einmal bleibe ich also bei Wladimir stehen und suche den direkten Kontakt zu ihm, die klärende Aussprache, den völkerverbindenden Schulterschluss.

»Sie singen so schön«, fange ich an.

»Ja, singen, Kinder schön«, sagt er.

»Nein, bitte keine Kinderlieder«, flehe ich.

Er lacht nur: »Ja, ja Kinder!«

Ich gebe ihm Geld, viel Geld, und bitte ihn inständig: »Keine Entchen mehr! Keine Entchen!«

Wladimir nickt aufmunternd: »Danke. Du gut. Alle Entchen gut!« Und legt wieder von vorn los.

Einige Wochen und Entchen-Demütigungen später bin ich ausnahmsweise mal allein in der Stadt. Schon von Weitem höre ich Wladimirs Akkordeon und seine traurige, kehlentiefe Stimme. Ja! Endlich bin ich ohne meine Töchter unterwegs, endlich werde ich seine Musik einmal authentisch und ohne kindische Einlagen genießen können. Ich biege in die Gasse. Wladimir sieht mich. Erkennt mich sofort, auch ohne Dana und Ida. Lacht. Und legt los: »Alle meine Entchen …«

Zu Tisch mit meinem Erzfeind Cortez

Es gibt keine dummen Fragen, nur dumme Antworten. Sagt man. Manchmal ist zwar auch eine dumme Antwort die einzig richtige Antwort, aber hier soll es um Kindererziehung gehen und nicht um den ehelichen Alltag, die Kollegen im Büro oder den Umgang mit Ordnungshütern.

Was im Umgang mit Kindern und ihren Fragen gar nicht möglich ist: keine Antwort. Dann wird gelöchert und gebohrt und gefräst. Schonungslos und bis zur Aufgabe. Doch es geht noch viel schlimmer: Was ist, wenn man die neugierigen Kleinen mit ihrem Anliegen nicht einmal versteht? Nicht intellektuell, sondern rein akustisch? Willkommen in der frühen Phase des Spracherwerbs!

»Cortez?«, fragt meine Ida beim Frühstück. Sie ist eineinhalb und nimmt mit Aufmerksamkeit und Sendungsbewusstsein an unserer familiären Kommunikation teil.

»Cortez?«, fragt Ida also und deutet auf meinen Teller. Genauer: Sie deutet auf mein Wurstbrot. Sie selbst beißt in ein kleines, feines Nutellabrot.

»Was willst du, mein Schatz?«, frage ich liebevoll.

»Cortez?«, fragt meine Tochter wieder, ebenso in einem netten, vertrauensvollen Tonfall.

»Bitte?«

»Cortez?«

Ich habe keine Ahnung, was sie von mir will. Daher ignoriere ich sie jetzt ein wenig.

»Cortez?«

Vielleicht lenkt sie sich mit etwas anderem ab.

»Cortez?«

Offenbar nicht.

»Cortez?«

Nun sollte ich anmerken, dass sich in Idas Tonfall ein ganz klein wenig Ungeduld mischt.

»Cortez?!«

Immer wieder deutet sie auf meinen Teller, auf mein eigenes belegtes Brot.

»Cortez?!«

»Ja, mein Schatz, genau.«

Das war ein Fehler. Ida kann es gar nicht leiden, wenn sie sich nicht ernstgenommen fühlt.

»Cortez?!« Deutlich lauter.

»Teller«, sage ich.

»Cortez?!«

»Brot.« Jetzt bemühe ich mich.

»Cortez?!«

»Wurstbrot.«

»Cortez?!!« Recht laut ist sie mittlerweile. Auch die Gesichtsfarbe verändert sich. Meine Frau und Idas große Schwester Dana halten sich derweil fein raus.

»Ein Teller, darauf ein Roggenmischbrot mit Butter und zwei Scheiben Lyoner«, erkläre ich.

»Cortez?!!« Man könnte jetzt von Schreien sprechen. Von Brüllen. Und von roter Gesichtsfarbe.

Mir kommt eine Idee, reichlich spät. »Magst du ein Stück abhaben?« Ich teile mein Brot und gebe ihr die Hälfte. Sie pfeffert es mir zurück.

»Cortez?!!«

»Magst du das ganze Brot? Oder auch lieber Wurst statt Nutella?«

»Cortez?!!«

»Noch was zu trinken?«

»Cortez?!!!« Brüllen. Violettes Gesicht. Tränen.

»Ich verstehe dich nicht, Kind! Es tut mir leid.«

»Cortez?!!!!«

»Sag mir doch, was du willst.« Nun, das tut sie schon minutenlang. Das ist ja das Problem.

»Cortez?!!!!« Heißeres Kreischen. Ein Gesicht außerhalb des Farbenspektrums. Spritzende Zornestränen. Schwingende Fäuste.

Das Frühstück endet in einem Debakel. Kind mit Bluthochdruck, depressiver Vater. Cortez, der Triumphator.

Das ist eine schlimme Geschichte, doch ist sie nicht zu Ende. Es ist eher ein Anfang: der Beginn des Schreckens. Bereits am Mittagstisch wiederholt sich das furchtbare Geschehen. Wir vespern Leberkäs mit Senf und Semmel, auch Ida hat eine Portion vor sich, an der sie mäßig hungrig herumbeißt. Sie deutet wieder auf meinen Teller, auf meine Semmel, und der Schrecken nimmt seinen Lauf.

»Cortez?«

»Nicht schon wieder.«

»Cortez?«

»Bitte nicht. Ich weiß nicht, was du willst, Ida.«

»Cortez?!«

»Magst du mehr Senf? Weniger Senf? Ketchup? Majo?«

»Cortez?!!«

Hier sollte ich anmerken, dass die dramatische emotionale Steigerung bei weitem nicht mehr so langsam abläuft wie noch am Frühstückstisch. Ida ist jetzt von null auf hundert in fünf Sekunden.

»Cortez?!!!! Cortez?!!!! Cortez?!!!!«

Das Spektakel wiederholt sich nun zu jeder Mahlzeit, wobei Idas Geduldsfaden, so er diesen Namen überhaupt noch verdient, immer kürzer wird. Dafür flippt sie immer stärker aus. Hinsetzen, Essensbeginn, Fingerdeuten auf meinen Teller, und Cortez übernimmt sein Regime des Terrors.

Unentwegt höre ich es, überall. Cortez! Es schallt es in meinem inneren Ohr, verfolgt mich, ein ewiges Echo meiner Pein. Cortez! Cortez! An meinem Arbeitsplatz, an dem ich nun immer länger ausharre, wodurch ich hin und wieder eine Mahlzeit zuhause versäume; im Fitness-Studio, im Auto, nachts im Traum. Cortez! Cortez! Cortez!

Was hat Ida da nur aufgeschnappt? Cortez, der alte spanische Halunke? Cortez und Pizarro, Atahualpa und das Gold der Azteken? Ich schlage im Lexikon nach, sinnlos, schwachsinnig. Ida ist eineinhalb. Es geht um Handfestes. Brot. Hineinbeißen. Wurst. Cortez.

Ich werde zum Wrack. Auch die arme Ida wird zum Wrack. Die Situation eskaliert. Wir setzen uns an den Tisch. Ich belege mein Brot, beiße zitternd hinein, in Erwartung des Entsetzlichen, das nun wieder unweigerlich über uns hereinbricht.

»Cortez?!!!«

Ich weine. Ich weine. »Lass mich einfach essen, Ida«, schluchze ich, »es ist doch nur mein harmloses Brot. Mein Brot, mein Brohohoho…«

Ida ist ruhig. »Dein Brot?«

Ich blicke auf. »Mein Brot.«

Ida vergewissert sich: »Cortez?«

»Mein Brot. Meins.«

»Papa Brot«, sagt Ida und wendet sich zufrieden ihrem eigenen Mahl zu.

Cortez, alles klar, alter Spanier. »Cortez?« ist gleich: »Gehört es?« ist sinngemäß: »Wem gehört das?«

Ja, Ida, mir gehört das. Mein Brot. Aber du darfst es gern haben. Und Cortez bekommt auch eine Scheibe.

Die postmoderne Coolness des Norbert L. Jackson

Früher stand unter »Kaffee« im Synonymwörterbuch das schlimme Wort »Negerschweiß«, aber zum Glück haben wir ein wenig dazugelernt. Heute sprechen wir nicht von Ausländern, sondern von »Menschen mit Einwanderungsgeschichte«, selbst wenn es der Großvater war, der eingewandert ist und Geschichten erzählt. Zur Erholung schwärmen wir für die Filme Quentin Tarantinos, denn da geht es so unglaublich cool zu.

Bei Tarantino ist das nämlich so: Bevor sie sich gegenseitig das Hirn wegpusten, bezeichnen sich alle Typen gegenseitig fortwährend so richtig cool als »Nigger«, ob weiß oder schwarz, vor allem der megacoole Samuel L. Jackson spricht in »Pulp Fiction« und »Jackie Brown« alles und jeden als »Nigger« an – die Kerle haben nicht die Probleme, die wir mit der schwarzen Kinderpuppe unterm Weihnachtsbaum hatten. Erfrischend, wie lässig postpostmodern Tarantino und Jackson dabei über die political correctness hinweggehen. Ich freue mich schon darauf, Jackson mal auf einer Filmpremiere kennenzulernen. »Hi Sam, old nigger, how are you?« Das findet der bestimmt hammercool. Vielleicht pustet er mir auch das Hirn weg.

So weit die cineastische Variante und die Theorie. In der Praxis erobert sich unsere Tochter Dana das Alphabet. Das tut sie mittels unserer Hilfe und des »Bunten Bildwörterbuchs«. Darin werden übersichtlich und einleuchtend all die aufregenden

Buchstaben anhand von Gegenständen und Figuren erklärt, von A wie Affe bis Z wie Ziege. Wir arbeiten uns langsam mit unserer Tochter voran.

»Schau, das K. Und daneben ...«

»... eine Katze.«

»Schlaues Kind, K wie Katze.«

Mit den Fingern fahren wir den Buchstaben nach.

»Und ein Löwe.«

»Prima, Löwe wie das L.«

Und wieder die Finger.

»Und da sind Mäuse!«

»Genau, Mäuse wie M.«

Die Finger ...

»Und was kommt jetzt?«

»Das N.«

Die Finger verkrampfen sich.

»Was ist das für ein Junge?« »

»Das ist ein ... N...«

Ein N...? Ein Schwarzer? Ein Farbiger? Ein Afro-Amerikaner? Fängt alles nicht mit N an. Ich muss doch wieder an die schwarze Puppe denken und den familiären Skandal unterm Weihnachtsbaum. Das gibt's doch nicht.

Nicht zu fassen, dieses »Bunte Bildwörterbuch« vom C. Bertelsmann-Verlag. Es ist zwar 1970 erschienen, aber wir halten die 36. Auflage in den Händen. Von 2001, es ist also im Jahr sieben nach Tarantinos »Pulp Fiction« und im Jahr vier nach »Jackie Brown« herausgekommen. Als Fachberatung wird im

»Bunten Bildwörterbuch« eine waschechte Jugendpsychologin ausgewiesen. Meine Tochter fordert derweil Antworten: »Wer ist das beim N?«

Im Buch wird auf einer hinteren Seite, nach Nagel und Nase, vor Netz und Nikolaus, erläutert: »Früher hat man Menschen mit dunkler Haut Neger genannt. Heute sagt man Schwarzer oder Farbiger.« Und wieso taucht der dann – heute, heute, heute – unter N auf? Hallo, Frau Kinderpsychologin, meine Tochter hat ein Problem. Ich vor allem habe ein Problem! Und Dana insistiert immer vehementer.

»Weeeheeer ist daaahaaas beim N? Beim N!? Beim N!?«

»Schatz, das ist ein ..., das ist der ...«, und Papa greift zu N wie Notlüge, »das ist der Norbert«.

Und die Finger malen das N nach.

N wie Norbert.

Einige Tage später spaziere ich mit Dana durch die Stadt. Uns kommt ein Schwarzer entgegen.

»Der Norbert«, sagt meine Tochter.

Wo ist eigentlich Samuel L. Jackson, wenn man ihn braucht?

Benedikt im Biomüll

Joseph Ratzinger muss ordentlich einstecken. Reste des Frühstückseis, Käserinde, Brotkrumen, Wursthäute, alles bekommt er mitten ins Gesicht.

»Wieso ist der Papst im Müll?«, will meine Tochter wissen.

»In der braunen Tonne muss man doch immer Altpapier unten reinlegen«, sage ich, »sonst suppt der Biomüll so durch«.

»Aber wieso denn der Papst?«

Wieso, wieso. Weil ich einfach irgendeine Tageszeitung vom Papierstapel genommen habe. Zufällig war es die Ausgabe vom 20. April 2005, und deren Titelseite ziert nunmal die Schlagzeile »Joseph Ratzinger wird Papst« samt einem Porträt des winkenden, irgendwo zwischen huldvoll und angestrengt lächelnden Benedikt XVI. Bei der Merkel oder Müntefering oder Westerwelle würde niemand etwas sagen, selbst wenn ich mich auf die Zeitung übergeben würde.

Ich kippe eine ordentliche Ladung Kaffeesatz aufs Kirchenoberhaupthaupt.

»Aber wieso der Papst?«, insistiert meine süße Kleine, »ist der schon wieder tot?«

»Nein, natürlich nicht«, seufze ich.

Wieso schicken wir das Kind ausgerechnet in einen katholischen Kindergarten? Da lernt sie sofort, alles symbolisch zu deuten. Sie wird am Montag zur Erzieherin rennen und sagen: Mein Papa hat den Papst in den Müll geworfen. Die halten mich wegen meines arabischen Namens ja ohne schon für den Antichristen.

»Ich glaube, der Papst ist doch tot«, sagt Dana. »Die wählen ja schon wieder einen neuen.« Meine Tochter deutet aus dem Fenster. Unsere Nachbarn im Wohnblock gegenüber heizen an diesem kühlen Aprilmorgen wieder kräftig ein, weißer Rauch steigt aus dem Schornstein.

Ich werfe Apfelschalen in den Müll.

Religion und Erziehung, das ist für mich eine harte Nuss – ein stetes Ringen zwischen Glauben und Wissen, Aufklärung und Verdunklung. »Seht das Zeichen, seht das Kreuz, es bedeutet Leben«, hatte meine Tochter erst kürzlich eines Abends gesingsangt. Offenbar handelte es sich um ein im Kindergarten erlerntes Lied. Ich dachte mir nichts dabei, und das Kind sang weiter »Danke, Jesus, für dein Kreuz, danke für die Nägel.« Danke für die Nägel? Ich traute meinen Ohren nicht. Was war denn das für ein pietistischer Leidensblödsinn? Evangelen-Masochismus im katholischen Kindergarten? Danke für das Kreuz und danke für die Nägel? Natürlich, so klärte meine Frau ihren ahnungslosen Gatten später prustend auf, heißt es: »Danke für das Kreuz, danke für dein Leben.«

So etwas verunsichert. Ich gehe in die Defensive.

»Du sollst den Papst keinen Müll auf den Kopf werden«, ruft meine Tochter. Sie ist mittlerweile ziemlich empört. Sie sieht die Sache in der Tat typisch katholisch-symbolisch. Und das mir, der ich so gut protestantisch – also zunächst mal antikatholisch – erzogen worden bin.

Ich blicke in die braune Biomüll-Tonne. Von Benedikt XVI. ist nichts mehr zu sehen. Himmel hilf, es handelt sich doch um Altpapier! Diese Zeitungsseite gibt es in einer Auflage von 350 000, die wird in anderen Haushalten zerknüllt und zerrissen, verbrannt und verschmiert, nasse Schuhe werden damit ausgestopft, nur ich darf meinen Mülleimer damit nicht auslegen, weil mich meine noch nicht einmal vierjährige Tochter für einen schuftigen Papstfeind hält.

Zwei Wochen zuvor war Joseph Ratzinger noch Kardinal, für 80 Prozent der Deutschen ein rotes Tuch, er verkörperte das Verknöcherte und die Rückwärtsgewandheit des Vatikan. Doch kaum heißt es: »Wir sind Papst«, bin ich nicht mehr Herr meiner Biotonne. Eigentlich sollte ich den Abfall mit der »Bild«-Zeitung garnieren.

»Was machst du da?«, fragt meine Frau, die in die Küche kommt und mich vor dem Abfall kniend antrifft, »betest du den Müll an?« Sie ist katholisch und mit dem ganzen Symbolquark aufgewachsen.

Meine intensivste Erfahrung mit dem Katholizismus datiert aus Teenagerjahren. Seinerzeit wollte ich mit meinem Freund G., aus gut katholischem Hause stammend, einen Skiurlaub antreten. Kurz vor der Abfahrt standen wir in der Küche seines Elternhauses, und da näherte sich seine Mutter, die Gefahren der Skipisten, eventuell auch des Après-Skis witternd, mit der Weihwasserflasche, die dort offenbar unter der Spüle für solche Momente bereitstand. Mein Freund G. bekam einige Tropfen auf die Stirn gerieben, dann war ich an der Reihe, doch in einem Anfall sowohl pubertärer als auch protestantischer Hysterie weigerte ich mich, mir diesen nassen Segen auftragen zu lassen. Es kam, wie es kommen musste: Mein Freund G. brach sich beim Skifahren den Daumen, mir passierte nichts. Diese Erfahrung bescherte mir eine hoch subjektive empirische Einschätzung des Katholizismus, die noch immer der Widerlegung harrt: viel Show, keine Wirkung.

Sowohl Show als auch Wirkung habe ich hingegen in meiner Küche. Meine Tochter plärrt, was die Empörung hergibt, meine Frau schüttelt den Kopf, und ich grabe seufzend den Papst aus der Mülltonne aus. Benedikt XVI. lächelt zwar noch immer verhalten, ist aber voller Kaffeeflecken, außerdem klebt ihm Eigelb an der Stirn.

Meine Tochter hört auf zu weinen. Es ist ganz offensichtlich: Ich verliere sie an die Katholiken. Sie merkt noch an: »Den musst du jetzt aber richtig saubermachen.« Natürlich, wie sieht denn das sonst aus? Danke für die Belehrung.

Und danke für die Nägel.

Li-la-lustig bis zum Gi-ga-geht nicht mehr

Mütter und Väter werden des öfteren Opfer widriger äußerer Umstände, einige Einbußen in der Lebensqualität haben sie jedoch ganz allein zu verantworten. Zum Beispiel, wenn der Vater mit der Tochter – um die Regenwetterlaune zu heben – zum Auftritt eines populären Kinderliedermachers marschiert, weil er es nicht besser weiß. Beziehungsweise weiß er es schon besser, aber er geht trotzdem mal hin, kann ja nicht schaden. Denkt er. Irrt er.

Detlev J. ist in der Stadt, obwohl die ihm nichts getan hat. J. nennt sich selbst auch Spielliedpädagoge und hat gut elf Millionen Tonträger verkauft. Dana und ihr naiver Papa treffen eine Dreiviertelstunde vor Beginn der Show ein, doch gibt es nur noch ein paar wenige freie Plätze im hinteren Drittel der Halle. Der Saal fasst gut 800 Zuhörer, »Menschen über drei«, wie sie von der Kinderunterhaltungsindustrie genannt werden. J. füllt die Halle in der mittelgroßen Stadt an einem Nachmittag zweimal. Ein Akkordarbeiter musikalischer Fröhlichkeit.

Nach einer kurzweiligen Dreiviertelstunde voller Genörgle, Getobe und Gekreische geht es auch schon los. Sofort herrscht putzmuntere Stimmung im Saal, kein Wunder, der Detlev eröffnet das Programm mit einem echten Waschlied, »Wischi wischi waschi wischi!« Ja, sauber, denkt sich der Vater, und den Refrain hat er ganz schnell wischi waschi intus: »Di di di dip dip. Di di di dip dip. Di di di dip dip. Yeah!«

»Singen macht schlau«, das hat sich Herr J. auf die Fahnen geschrieben. Denn singende Kinder verfügen, so weiß er, über einen erheblich größeren Wortschatz als Kinder mit wenig Gesangspraxis. Ein Konzertbesuch sollte also nicht nur für Kurzweil sorgen, sondern hat auch eine didaktische Komponente.

Der Detlev ist natürlich nicht allein, da kommt auch schon, di di di dip dip, die Si-Sa-Singemaus, ihres Zeichens auch Ti-Ta-Tanzemaus und Kri-Kra-Krabbelmaus. Fehlt nur der kleine Tanzbär Schubidu, aber der hat heute wohl frei. Nette Lieder ertönen da, allerdings sind sie nicht wirklich harmlos, da der Vater sie nicht mehr aus dem Ohr bekommt. Es tut ganz offenbar, wie versprochen, seinem Wortschatz gut. Schon hört er sich überraschend textsicher mitsingen, zum Beispiel so: »Die Brillenschlange Shalala tanzt jeden Tag auf dem Basar. Ah ha ha ha ha ha!« Oder: »Wir sind aus weichem Gummi und tanzen einen Flummi.«

Da der Papa gern einen Flummi tanzt, wie er jetzt merkt, und nicht völlig zynisch ist, kann er natürlich kaum etwas gegen die positiv-mitmenschelnden Botschaften vorbringen, wie »Versuchs doch mal mit Pünktlichkeit« und »Zusammen geht es besser«. Dass da einer singt, man solle nur mit Helm Rad fahren, erfreut den Erziehenden. Und auch hier fallen die Eltern begeistert mehrstimmig ein: »Bitte sehr und danke schön, so kann man sich gut verstehen.« Dankeschön, dankeschön, di di di dip dip. Ja, Singen macht schlau.

Der Detlev und die Sangemaus haben noch tatkräftige Unterstützung dabei, Arabella Wirbelwind nämlich, die vor lauter

Wirbel nicht immer alle Ti-Ta-Töne richtig trifft; und ein Clemens steht auch noch im Eck, der bedient knöpfchendrückend den Musikcomputer. Pop-, Schlager- und Discostampf aus der Ki-Ka-Konserve, mäkelt der Papa kleinlich, es wäre doch netter, wenn der Detlev den Kindern wirklich Freude am Musikmachen vermittelte, mal zur Gi-Ga-Gitarre griff, mit Schli-Schlo-Schlagzeug und Bi-Ba-Bass live spielte.

Ach was, die 800 »Menschen über drei« stören sich nicht daran, der Ki-Ka-Konzertsaal tobt, da erlebt der »Orang Utan vom Wunga-Wonga-Wald« spannende Abenteuer, da geht es tierisch durcheinander, der Hund bellt »Mäh«, der Esel schreit »Wau Wau«, doch der Detlev sorgt wieder rasch für Ordnung, miau, brrrrr, tärääää. Die Tiere tanzen, »schliche schlumm schlumm schlumm und rundherum«, da jubeln Arabella und die Sangemaus, und wir tanzen mal wieder einen Flummi.

Und dann packt der nette Berufsjugendliche seine ganz großen Hits aus, die mit dem »Wackelpudding« und der »Pizza in den Haaren«. Der Papa muss nun ein wenig aufpassen, sonst fi-fafärbt das alles zu sehr ab, aber da muss er nunmal durch als Erziehungsberechtigter. Da er irgendwann schön vor lauter Flummis in der Birne wi-wa-weichgekocht ist, shalala, ah ha ha ha ha ha ha, kauft er sich – und nun kommen wir zu den nachhaltigen Einbußen der Li-La-Lebensqualität – noch ein paar CDs und Ki-Ka-Kassetten für zuhause und unterwegs, auf dass der Orang-Utan vom Wunga-Wonga-Wald und die Kri-Kra-Krabbelmaus Stammgäste in seinem Leben werden, da ri-ra-rollt der Ri-Ra-Rubel für den Detlev, und wir haben den Si-Sa-Salat, wischi wischi waschi wischi und tärääää, di di di dip dip. Yeah!

Der Jedi hüt' die Schaf

Haben Sie Obi Wan Kenobi, Luke Skywalker und Han Solo schon mal beim Staubsaugen, Kartoffelschälen oder Entfernen von Kalkrändern zugesehen? In unserer Wohnung gibt es regelmäßig Gelegenheit dazu. Der edle Weltraumritter Obi Wan und der intergalaktische Pirat Han entpuppen sich bei genauerem Betrachten zwar als Behelfsjedi Magdi, aber aus der Stereoanlage tönt zu solchen Gelegenheiten oft John Williams' triumphale Star-Wars-Musik. Es ist mir noch nicht einmal peinlich. Ich war nunmal als Zehnjähriger im Kino Zeuge des ersten Sternenkrieges und wurde damals mit dem heftigen popkulturellen Virus infiziert wie Millionen andere junge Menschen auch. Wer jemals zu Darth Vaders imperialen Marsch das Bad geschrubbt oder zum Angriff auf den Todesstern Teppiche ausgeklopft hat, weiß, wovon ich rede.

Ich gleite durch die Wohnung, wienere das Badezimmer, sorge im Kinderzimmer für Ordnung, erhebend schwillt das »Thema der Macht« an. Plötzlich steht Ida vor mir. Sie will offenbar andere Musik hören. Vielleicht etwas Schreckliches wie »Baadingoo« aus der Kinderdisco-CD, die ich im Urlaub erstehen musste. Aber nein: »Yub nub!«, fordert Ida.

»Was willst du hören?«

»Yub nub!«

Schon von klein auf hatten unsere Kinder präzise Vorstellungen über das musikalisches Programm, das ihnen von den bekannten Alleinunterhaltern Mama und Papa geboten werden sollte.

Problematisch war dabei nur, das schon Idas Schwester Dana zwar genau wusste, was sie hören wollte, es einem aber nicht unbedingt vermitteln konnte.

»Der Mond singen!«, das war noch einfach zu verstehen: »Der Mond ist aufgegangen.«

Und »Schietzgewehr« ließ unmittelbar auf »Fuchs, du hast die Gans gestohlen« schließen.

Doch als Dana mit eineinhalb Jahren »Papa! Hütte! Tschapf!« forderte, gab es eine erste Krise. Bis ich nach scharfem Nachdenken begriffen hatte: »Papa! Hütte! Tschapf!« hieß »Der Papa hüt' die Schaf« und bedeutete das Lied »Schlaf, Kindlein, schlaf«.

Daran denke ich, als Ida Tränen über die Wangen kullern. Und natürlich denke ich an das Schreckensregime von Cortez.

»Yub nub!« Sie stampft mit den Füßen auf und setzt dann noch einen drauf: »Gnoop dock!«

Ich habe überhaupt keine Ahnung, was sie meint.

»Willst du nicht weiter die schöne Musik hören?« Aus dem Lautsprecher fließt gerade die warme Hornmelodie von »Luke and Leia«. Romantik im Weltall, Terror im Wohnzimmer.

»Yub nub! Gnoop dock!«

Ich erinnere mich an ein Sternen-Debakel der anderen Art. »Steeen!«, hatte Idas große Schwester Dana einmal gebrüllt, was ich zwar rasch als »Stern« identifizierte, damit war das Problem jedoch noch nicht gelöst. Sterne kommen in so vielen Liedern vor, wie es Sterne am Himmel gibt. Ich fing an zu singen und begann mit dem Naheliegenden.

»Weißt du wieviel Sterne stehen ...«

»Nein!«

»Funkel, funkel, kleiner Stern …«

»Nein!«

»Laterne, Laterne, Sonne, Mond und Sterne …«

»Nein! Steeen«

»Ich geh mit meiner Laterne und meine Laterne mit mir. Da oben leuchten die Sterne …«

»Nein! Steeen«

»Kleiner Stern, ich hab dich gern …«

»Nein! Steeen«

»Der Mond ist aufgegangen, die goldnen Sternlein prangen …«

»Nicht der Mond! Steeen!«

»Schlaf, Kindlein, schlaf. Am Himmel zieh die Schaf. Die Sternlein sind die Lämmerlein …«

»Nein! Nicht Pappa Hütte Tschapf! Steeen!«

Wir entsetzlich reichhaltig ist doch der volkstümliche Liederschatz deutscher Sprache. Ich war am Ende. Mit meinem Repertoire, meinen Nerven und meiner Stimme.

Meine Frau kam dazu. »Sing ihr doch das richtige Lied«, forderte sie mich auf.

»Was ist Steeen?«, fragte ich krächzend.

»Schneeflöckchen, Weißröckchen«, meinte sie altklug.

»Wo kommt denn da ein Stern vor?«

»In der zweiten Strophe: Komm, setz dich ans Fenster, du lieblicher Stern«

Dana hörte sofort auf zu plärren. »Steeen!«, sagte sie zufrieden. Und, natürlich: »Mama gut.«

»Yob nub«, brüllt Ida und holt mich in die Gegenwart zurück. »Gnoop dock.«

In meiner Verzweiflung singe ich aufs Geratewohl los.
»Spannenlanger Hansel ...«
»Yob nub!«
»Auf der Mauer, auf der Lauer ...«
»Yob nub! Gnoop dock!«

Die Star-Wars-CD »Rückkehr der Jedi-Ritter«, die im Hintergrund immer noch läuft, ist mittlerweile beim großen Finale angekommen, was einen ästhetisch fragwürdigen, ja durchgeknallten Soundtrack zu meinen traurig erfolglosen Sangesbemühungen liefert. Wildes Getrommle, Jubeltöne, die Jedis sind erfolgreich auf den Mond Endor zurückgekehrt, Frieden herrscht in der fernen Galaxis. Ganz im Gegensatz zu unserer Wohnung. Die alberne »Ewok Celebration«, die ich noch nie leiden konnte, ertönt. Der infantile Chor setzt ein: »Yub nub, eee chop yub nub ...«

Ida hörte schlagartig auf zu weinen.

»Star Wars? Die Ewok Celebration?«, frage ich sie erleichtert. »Yob nub«, nickt sie freudestrahlend. Gutes Kind. Großartiges Kind. Meine Jedi-Tochter, die Macht ist mit ihr. Und so singen wir gemeinsam:

»Yub nub, eee chop yub nub.
Ah toe meet toe peechee keene
Gnoop dock fling oh ah.
Yahwah, eee chop yahwah.»

Die total versaute Buchstabensuppe

Auf dem Löffel schwimmen, in der Instant-Rinderbrühe dem Verzehr harrend, ein Z, ein O, ein E, ein F und ein T. Oder, um genauer und deutlicher zu sein, ein F, ein O, ein T, ein Z und ein E. Meine Gattin blickt mich scharf und vorauseilend vorwurfsvoll an.

Es ist doch nicht meine Idee gewesen, oder vielleicht doch, dem Töchterchen anhand der Buchstabensuppe die deutsche Sprache in Wort und Schrift näherzubringen. Dana ist mit dreidreiviertel in einer Phase voller Neugierde, auch und besonders, was Buchstaben betrifft. Ich hingegen bin in einer Phase, in der ich meine Kinder nicht ständig anlügen will. Ich bin aber auch in einer Phase, in der ich mich von meiner Frau nicht beschimpfen lassen möchte.

»Was für ein Wort kann man daraus machen?«, fragt Dana. Der Blick, mit dem mich meine Frau mahnend instruiert, erreicht auf der Wage-es-bloß-nicht-Skala, die von 0 bis 10 geht, einen Rekordwert von 14.

»Daraus kann man kein Wort bilden, Schatz«, flötet meine Frau, die promovierte Geisteswissenschaftlerin, und versucht sich in schlichten Ablenkungsmanövern. »Schau mal, Mama hat INGENIEUR auf dem Löffel. I – N- G – E – N ...«

»Gib mal her«, sagte ich zu ihr – auch Geisteswissenschaftler, aber nur mit Magister-Ehren versehen – und gruppiere die Buchstaben von INGENIEUR ein wenig um, bis da EIGENURIN zu lesen ist.

Meine Frau schiebt mir den Löffel in den Mund. »Muss du immer alles ins Anrüchige ziehen?«, zischt sie.

Dana versucht sich derweil auf ihrem Löffel an allerlei Kombinationen. OZFET, ZEFOT, EOFTZ und, der Wahrheit gefährlich nahe kommend, FOZTE.

»Das sind alles keine Wörter«, sagte meine Frau. »Iss jetzt! Man spielt nicht mit Essen.«

Ich habe derweil auf meinem Löffel mit den lustigen kleinen Nudeln das Wort KARTENSPIEL zusammengesuppt. Meine Frau blickt mir humorlos in die Augen und fingert ruchlos anagrammierend auf meinem Essgerät herum. Da steht dann plötzlich, inmitten süßer Fettaugen: KALTER PENIS. Das soll wohl eine Warnung sein.

Sie ist noch immer sauer. Wegen des Internets und dem, was ich dort angerichtet habe. Im Sommer steht nämlich ein Klassentreffen meiner Frau an, und im Vorfeld hat sie Kontakt zu ehemaligen Mitschülern aufgenommen. Die wiederum wollten wissen, was aus ihr geworden ist und googelten nach ihr beziehungsweise nach uns, denn meine Frau trägt nicht mehr ihren Geburts-, sondern meinen Nachnamen. Dabei stießen die Klassenkameraden auf eher wenig ehrenwerte Seiten wie »Le Plaisir Anal« oder »Sex suchen und finden« oder, seltsamerweise, »Suche nach Gummistiefel«. Und dann stand unser schöner Name auf einer Seite voller Links auch noch exakt zwischen »Anal Sex, Teen anal Fisting, Anal Fucking, Anal Sex Video« und »ClubHot! 3 Tage für nur 5,00 EUR testen!« Das ist die Wahrheit: Wer nach meinem Namen sucht, seien es ehemalige Klassenkameraden oder potenzielle künftige Arbeitgeber, ist nur ein Klick von Angeboten entfernt wie »Genieß den schönsten Girls die mehr und mehr vom Analsex sich vernaschen.«

»Das ist doch total peinlich«, schimpfte meine Gattin, »1000 Google-Treffer und davon 800 versaute. Und warum?«

Warum war klar – wegen meiner Internet-Kolumne, die sich um wenig anderes dreht als um Analphabet, Frau Punze, Nizzakolben und Zuludongs.

»Was sagen da wohl unsere Freunde? Ganz zu schweigen von unseren Eltern? Und was sollen später unsere Kinder denken, wenn sie im Internet nach ihrem Namen suchen?«

Ich entgegnete: »Ist doch alles nur virtuell«. Doch da stieß ich beim Selbst-Googlen auf »Telefonsex-Oma«, was mir im Zusammenhang mit dem ehrenwerten Namen meiner Ahnen väterlicherseits dann doch die Sprache verschlug.

»Das hast du nun von deiner obszönen Wortwahl und deiner anzüglichen Schreiberei«, sagte meine Frau. »Unser Familienname ist besudelt.«

»Papa, kannst du mir damit jetzt ein Wort machen?«, fragt Dana, die immer noch nicht gegessen hat, und sie hält mir ihren Löffel mit F – O – T – Z – E auffordernd unter die Nase.

»Ja, kann ich«, sagte ich, verspeise die F-Nudel und lege das Wort ZOTE. Das zu lernen, kann nie schaden.

Die Wahrheit über den schrecklichen Gönk

Entsetzliches Gebrüll durchdringt den Augsburger Zoo. Es sind aber nicht die herumtobenden Affen oder die hungrigen Raubkatzen, die am frühen Abend für Aufruhr sorgen, es ist meine Tochter Dana. Sie will nicht nach Hause. Mit ihren noch nicht vier Jahren verschließt sie sich meinen sachlichen und vernünftigen Argumenten wie: »Die machen bald zu. Die knipsen gleich das Licht aus. Die Tiere wollen doch schlafen gehen.«

»Die Eulen aber nicht, die stehen jetzt erst auf!«

Das hat man also davon, wenn man den Kindern die Info-Tafeln vorliest.

Nein, meine Tochter will einfach nicht nach Hause, auch nicht nach fünf Stunden Zoo. »Ich will nochmal zu den Vögeln«, schreit sie, mit puterrotem Gesicht, »ich will die Ziegen füttern.«

Mit was könnte ich sie nur beschwichtigen und zum Ausgang locken? Hund, Katze, Maus? Tiger, Löwe, Elefant?

Eine famose Idee blitzt in meinem erziehungserfahrenen Hirn auf. Ein Trumpf erscheint wie aus dem Nichts. Ich setze einen leicht wilden Blick auf. »Draußen wartet vielleicht der Gönk!«, zische ich.

»Der Gönk?« Meine Tochter blickt mich fragend an. Keine Tränen mehr. Dafür Neugierde. »Wer ist der Gönk?«

»Der Gönk.« Ich rudere mit den Armen. »Der Gönk, der Gönk!«

Meine Frau rudert nicht, sie rollt mit den Augen.

Doch meine Tochter marschiert munter und flott Richtung Ausgang. Der Trumpf sticht.

»Wartet dort der Gönk?« Das Kind ist aufgeregt, aber wieder gut aufgelegt.

»Der Gönk!«, rufe ich, so richtig in Fahrt gekommen, »der schreckliche Gönk.«

Zum Kummer der Kleinen, hingegen nicht zu meiner Überraschung, wartet draußen auf dem Parkplatz kein schrecklicher Gönk. Noch nicht einmal ein netter Gönkie oder ein verschrumpeltes Gönkchen. Nur unser Volvo. Der kindliche Blick wird wieder feucht, die Stimme schrill. »Wo ist der Gönk?«

»Er ist wohl nicht mehr da«, murmle ich.

»Wo ist er hin?«, schluchzt meine Tochter.

»Er ist weg.«

»Wohin? Warum ist der Gönk weg?«

»Der Gönk ist sehr scheu«, höre ich mich erbärmlich sagen. »Den bekommt man nur selten zu Gesicht.«

Die Heimfahrt ist furchtbar. Das arme Kind weint sich – »Gönk«, schluchz, »Gönk«, schnief, »Gö…« – in den Schlaf. Meine Frau schläft nicht, leider, sondern referiert ausgiebig über das Thema pädagogische Verantwortung im Allgemeinen und die Verwerflichkeit dummer Lügen im Besonderen. Letztere fielen auf einen selbst zurück, meint sie.

Damit hätte ich es bewenden lassen sollen. Doch nach mehreren Wochen verhelfe ich dem Gönk bar jeder Vernunft zu einem weiteren Einsatz. Schließlich hatten wir ja damals den Zoo dank Gönk immerhin verlassen können, so meine äußerst schwache Begründung. Das aktuelle, mäßig originelle Problem: Meine Tochter will nicht ins Bett. Sie will sich nicht umziehen. Sie will sich nicht die Zähne putzen. Aus dem Triumvirat klassischer Erziehungsmethoden – Drohen, Erpressen, Bestrafen – wähle ich die Drohung, und zwar die Gönk-Variante. »Putz dir die Zähne! Zieh dich um! Geh ins Bett! Sonst kommt der Gönk!«

Was für ein Eigentor! Natürlich wird nichts geputzt, niemand zieht sich um, und niemand geht zu Bett. Der Gönk kommt, endlich, was für ein Anreiz, ich Idiot. Da helfen auch furchteinflößende Pantomimen und Geräusche meinerseits nicht: »Der Gönk, huhuhuuuh!«.

Wie dieser Abend endet, lässt sich ziemlich einfach ausmalen: Der schreckliche Gönk ist schon wieder nirgendwo zu sehen, dafür laufen erneut Tränen der Enttäuschung und des Zorns.

Spät am Abend, meine Tochter ist vor Erschöpfung fast eingeschlafen, und ich schäme mich offenbar immer noch nicht genug, greife ich ein letztes Mal zur Lüge von Augsburg, diesmal zur Beschwichtigung. »Den Gönk bekommt man nur ganz selten zu Gesicht«, flüstere ich Dana ins Ohr.

Ich bin ein desaströser Erziehungsberechtigter, sagt mir meine innere Stimme, als ich das schluchzend schlafende Mädchen im Arm halte. Leider sagt mir die Stimme nicht, wie ich mich des Gönks entledigen könnte. Was soll ich nur tun? Den Gönk auswandern lassen? Für verschollen erklären? Gar für tot? Nein, das geht nicht, wenn ich, der Vater, noch irgendwie ohne Selbstekel in den Spiegel schauen will.

Ich gehe zu Bett, total deprimiert.

»Du Vollgönk«, sagt meine Frau zu mir, und mehr sagt sie nicht. Ist auch nicht nötig.

Ich liege im Dunkeln. Die Vorhänge wehen. Aus dem Halbschatten tritt ein riesenhaftes, warzengesichtiges, klauenbewehrtes Monstrum.

»Ich bin der Gönk«, gurgelte es bassdröhnend aus den Tiefe seiner Höllenkehle, »und jetzt mach' ich dich platt, du unfähiger Erzeuger.«

Klitschnass und mit Herzrasen erwache ich. Am nächsten Morgen gehe ich reumütig zum Bett meiner Tochter, die sich gerade die Augen wachreibt. Es ist an der Zeit für ein Geständnis. Für die Wahrheit. Die Wahrheit über den lügenden Vater.

»Meine Maus«, hebe ich an, »ich muss dir was sagen.«

Erwartungsvolle Augen schauen mich an.

Ich nehme meinen ganzen Mut zusammen: »Es gibt überhaupt keinen Gönk.«

Dana tätschelt mich. »Doch Papa, den Gönk gibt es schon.« Sie lächelt. »Aber der ist so scheu, den bekommt man nur ganz, ganz selten zu Gesicht.«

Topfschlagen und Sackhüpfen in erdnaher Umlaufbahn

Schon wieder ein Jahr älter zu werden, ist für Menschen ab 40 kein Anlass zur Feier. Eigentlich auch schon für Menschen ab 39 oder 34 oder 28, aber lassen wir das. Doch wie wunderbar erscheint Kindern ihr Ehrentag – wie überhaupt Feste in der Familie wieder mit neuem Leben und neuem Sinn gefüllt werden, wenn staunende Kinderaugen aufleuchten: Der Nikolaus wird vom schwitzenden Kaufhaus-Wegelagerer mit Schnapsfahne, Wattebart und Billigkutte wieder zur würdevollen Autoritätsperson. Christkind und Osterhase erhalten gar ihre mythischen Qualitäten zurück.

Doch es ist vor allem jedes Geburtstagsfest, das für Kinder eine einzigartige Feier darstellt. So plane ich zu Danas viertem Geburtstag neben Kerzen, Kuchen und Geschenken nicht einfach das gleiche Fest wie ein Jahr zuvor: Eierlaufen, Sackhüpfen, Topfschlagen. Nein, ich packe noch etwas drauf: Eierlaufen, Sackhüpfen, Topfschlagen und Reise nach Jerusalem! Dazu Kuchen, später Wiener Würstchen, wahlweise Pizza. Und überall in der Wohnung viele bunte Luftballons. Ein geradezu formvollendet klassisches Programm, das sich in seinen Grundzügen wohl seit dem späten 12. Jahrhundert für Kindergeburtstage bewährt hat, wobei die Reise nach Jerusalem damals noch eine andere, weniger kindgerechte Bedeutung innehatte. Und die Pizza war noch nicht erfunden.

Doch vier Wochen, bevor unsere grandiose Party steigt, ist Dana zu Gast beim vierten Geburtstag ihrer Freundin Cynthia. Dieses Fest findet auf einem Ponyhof statt, die Kinder tollen nicht nur im Heu herum, sondern sie dürfen Tiere streicheln und füttern und sogar reiten; dann wird gegrillt: Steaks, Fischburger, Maiskolben, Gemüsespieße.

Dana kommt begeistert zurück nach Hause, mit dabei hat sie einen rosa Geschenksack voller Süßkram, der größer und schwerer ist als das Präsent, das sie selbst fürs Geburtstagskind dabei hatte. Unsere Tochter ist begeistert: »Das war toll, so ein Fest will ich auch machen!«

»Das Mädchen wird vier Jahre alt«, sage ich am Abend beim Krisengespräch zu meiner Frau und betone jedes Wort, »und wir feiern auch nicht ihr Abitur oder ihren Studienabschluss!«

»Du würdest ihr Abitur auf dem Ponyhof feiern?«, investigiert meine Frau.

Ich seufze. »Was ist denn falsch am Topfschlagen und Sackhüpfen? Und an Wiener Würstchen?«

Meine Frau schüttelt mitleidig den Kopf und gibt sich dekonstruktiver Miesmacherei hin. »Das war einmal«, sagt sie. »Das war einmal und reicht für einen Kindergeburtstag längst nicht mehr.« So platzen meine bunten Ballons.

Aber natürlich bin ich lernfähig. Das ist schon genetisch bedingt, sonst wären meine Vorfahren ja bereits vor vielen hundert Generationen ausgestorben, schon allein, weil sich auf Bäumen so schlecht Eierlaufen und Sackhüpfen lässt. Tatsächlich ausgestorben sind die Kindergeburtstage, wie sie mir vorschweben. Ich muss meiner Gattin rechtgeben. Und zwar, weil die Konkurrenz – in Gestalt anderer, offenbar ambitionierterer Eltern – nicht schläft.

Doch was tun? Delegieren an Ronald McDonald samt Plastikspaß, Colaschock und Darmverschluss ist nicht akzeptabel. Und so plane ich jetzt einen kreativen Zoobesuch mit dem Basteln von Tiermasken und Rollenspielen. Stolz stelle ich den Plan meiner Familie vor.

»Langweilig«, findet meine Frau.

»Tiermasken basteln wir doch gerade im Kinderhaus«, sagt Dana.

»In den Zoo gehen wir sowieso schon oft«, betont meine Frau.

»Aber diesmal werdet ihr in den Raubtierkäfig eingesperrt«, grolle ich gekränkt. Mein Ehrgeiz wird durch die Kritik freilich nur angestachelt. Wir werden schon sehen, wer hier den tollsten Papa hat.

Am nächsten Wochenende feiern Nachbarn den dritten Geburtstag ihres Sprösslings Leon und laden alle Freunde und deren Freunde ins Wildwest-Dorf ein, inklusive Indianer-Stuntshow, Square Dancing und anschließendem Barbecue. Andere Bekannte buchen für ihre fünfjährigen Zwillinge einen kompletten All-inclusive-Tag im Freizeitpark samt persönlichem Mietclown, Live-Band und Fast-Food-Buffet. Die Formel lautet offenbar: Aufwand plus Originalität mal Hybris hoch Nervenzusammenbruch plus Pleite der Eltern zum Quadrat ist gleich guter Kindergeburtstag.

Im Internet finde ich komplette und minutiöse Ablaufpläne inklusive Rezeptideen für »entzückende Horrorpartys« mit

Getränken wie »Monsterschleim«. Der Einzelhandel hilft mit 69-teiligen Themensets wie »Piraten der Karibik« für die Wohnungs- und Tischdekoration; als ob Piraten jemals an einer gedeckten Tafel gesessen und den Rum mit Strohhalmen getrunken hätten. Im Spielzeug-Fachmarkt gibt sowieso alles: potthässliche sprechende und computergedruckte »Cinderella«-Einladungskarten, potthässliche holografische »Spiderman«-Servietten für Superkleckerer und potthässliche »Teddy in Love«-Trinkbecher für Sabbermäuler.

Manche Eltern besitzen bereits die Kundenkarte des professionellen Hüpfburgverleihs, da wird selbst der Spaß im übergewichtigen Freundeskreis garantiert: »Belastungsgewicht 180 kg (1–6 Kids gleichzeitig, je nach Gewicht)«. Und für ein paar Extrahunderter erscheint ein Profi-Kamerateam, das später jedem Gast eine DVD mit Geburtstagsfilm zukommen lässt: Wahrscheinlich »Piraten gegen den Monsterschleim« mit zusätzlichen Digital-Action-Effekten und Untertiteln für die Gäste mit Migrationshintergrund.

Wohin soll das alles führen? Wir wär's mit einer Party im schottischen Privatschloss samt Baden im eigenen Loch, dem Designen von Kilts und einer wüsten Dudelsack-Disco, bis um Mitternacht ein fast echtes Mietgespenst auftaucht? Oder mit einem alpinen Wochenend-Kurzurlaub: Hubschrauber-Schnitzeljagd und Tauchkurs im Gletschersee, abends werden frisch geschossene Bergziegen gegrillt, und dann liest Reinhold Messner vor dem selbstgebauten Iglu die besten Yeti-Märchen vor?

Nein, ich will mich nicht lumpen lassen. Ich werde allen zeigen, wer der beste Kindergeburtstagsveranstaltungspapa der Welt ist. Für den nächsten Geburtstag meiner Lieben lade ich zur »Space-Piraten-Party« und buche ich einen Trip ins russische Weltraumcenter Star-City mit allem Drum und Dran. Von dort schieße ich die ganze Gesellschaft in eine erdnahe Umlaufbahn. Und dann lade ich die anderen verarmten, gedemütigten Eltern ein, und wir feiern zünftig. Mit Topfschlagen, Sackhüpfen und vielen bunten Luftballons.

Knarren-Papi und wie er lernte, den Schwiegersohn zu entflammen

Als meine Tochter zur Welt kam, sprach ich: In zehn Jahren besorge ich mir eine Knarre. Als ich dann noch eine zweite Tochter bekam, wollte ich mich doch lieber sofort in Waffenläden umschauen, man darf ja nicht alles auf die lange Bank schieben. Sonst steht plötzlich die Pubertät vor der Tür, mit ihr eine Horde dummdreistgeiler Pickelfressen, die meinem zarten und verletzlichen Nachwuchs an die Wäsche wollen, und ich stehe wehrlos da. Nichts da! Ich sehe schon, wie ich als Söldner des Anstands nächtelang auf unserem Balkon stehe und hormontriefenden Möchtegern-Stechern eine deftige Ladung Schrot in die lüsternen Lenden verabreiche.

Als meine große Tochter vier Jahre alt ist, habe ich allerdings bereits einen potenziellen Schwiegersohn. Er heißt Jonas. Dana und er laufen tagtäglich händchenhaltend durch den Kindergarten, wollen sich jeden Nachmittag auf dem Spielplatz treffen und trennen sich nicht einmal dann, wenn einer der beiden Pipi machen muss – was ohnehin nie vorkommt, denn muss eine oder einer Pipi machen, muss die oder der andere automatisch auch. Das ist sie also, die erste Liebe. Noch bin ich gelassen.

Nur mit dem gemeinsamen Hausstand klappt es nicht so ganz beim jungen Pärchen. Meine Tochter geht regelmäßig mittags nach dem Kindergarten freudestrahlend mit Jonas zu dessen

Familie nach Hause, wo die beiden dann etliche Stunden in totaler Harmonie spielend verbringen. Doch soll Jonas tags darauf zum Gegenbesuch bei uns antreten, ziert er sich, hängt sich heulend an die Schenkel seiner Mutti und sagt, er wolle nicht mit zu meiner Tochter, also zu uns nach Hause. Höre ich recht? Dieser rotlockige Zweieinhalbkäsehoch, dieses laufradfahrende Hanswürstchen, schlägt meiner wundervollen Tochter den Gegenbesuch ab? Was erlaubt er sich? Dankbar und stolz sollte er sein, dass meine Tochter ihn als Gefährten erwählt hat und er unsere Hallen mit seinen O-Beinen betreten darf. Aber nein, der feine junge Herr wirft sich flennend auf den Boden und will bei seiner Mami bleiben.

Wer außerdem heult, ist meine Tochter. Sie ist gekränkt, und das ist verständlich.

»Warum will Jonas nicht zu mir kommen?«, will Dana schluchzend wissen.

»Vielleicht ist er doch nicht wirklich dein Freund«, sagt meine Frau. Ein psychologisch fragwürdiger Ansatz, der als einziges eine Steigerung des Plärrpegels zur Folge hat.

»Doch, er ist mein Freund«, sagt Dana mit zitternder Stimme zwischen Hoffen und Bangen.

»Aber es gibt doch noch andere Jungs.« Das ist dann wieder die Brachialargumentation meiner Frau.

»Ich will aber keine anderen Jungs, ich will den Jonas«, beharrt Dana.

Und damit ist meine Gattin bereits gescheitert. Wie hat sie es mit ihren begrenzten Mitteln nur geschafft, einen so anspruchsvollen Mann wie mich abzubekommen?

Egal. Fest steht nur: Offenbar ist es nun an mir, dem erfolgreichen Flirttaktiker und weltgewandten Gynäkologensohn, dem armen Mädchen eine erste Lektion in weiblicher Geschlechterrituals-Taktik zu vermitteln.

»Du musst dir einen anderen Freund suchen und den dann einladen«, rate ich ihr. »Wenn Jonas das sieht, wird er eifersüchtig, und dann will er ganz sicher mit zu dir.« Raffiniert, was? Ich kenne doch die Männer.

»Nein, ich will keinen anderen Freund. So eine blöde Idee!«, schreit Dana, womit auch ich gescheitert bin, und nun packt meine Frau mal wieder den Vorwurfsblick aus: »Das funktioniert vielleicht bei dir, aber nicht bei Vierjährigen. Ich frage mich wirklich, wie du es mit deinen begrenzten Mitteln nur geschafft hast, eine so anspruchsvolle Frau wie mich abzubekommen.«

Am nächsten Tag fange ich die kleine Kröte Jonas auf dem Vorplatz des Kindergartens ab, um mit ihm von Mann zu Männchen ein ernstes Wort zu wechseln.

»Hör zu, Jonas«, hebe ich an, »Dana besucht dich so oft, aber du uns nie. Warum?«

»Weil ich nicht mag.«

»Dana hat dich gern, und du hast doch Dana auch gern.«

»Ja.«

»Dann komm doch mal zu uns!«

»Aber ich will nicht zu euch.«

»Das ist nicht nett, Jonas.«

»Ich will aber nicht.«

»Komm doch einfach mal mit, nur eine halbe Stunde, bei uns haben wir viel Spaß.«

»Ich will aber nicht.«

Ist mein Schwiegersohn eine Memme oder ein Idiot oder eine idiotische Memme? Ich erwäge Drohungen und Ohrfeigen (natürlich schlage ich keine Kinder, das betone ich ausdrücklich, vor allem meine eigenen nicht), entscheide mich dann aber für die allerschlichteste, didaktisch armselige Lösung.

»Wenn du heute zu uns mitgehst, bekommst du von mir eine Tafel Schokolade.«

»Ich will zwei Tafeln.«

»Zartbitter.«

»Nein, Vollmilch.«

»Okay.«

Ich sage doch, dass ich die Männer kenne.

Jonas kommt mit zu uns, Dana ist glücklich, und Papa tröstet sich mit dem Wissen, dass er eines Tages keine Schokolade mehr brauchen wird, um die Jungs anzulocken, die er dann mit seiner Knarre wieder verjagen muss. Und wehe, wenn nicht!

Mahadi und Buddha: Der Tod schmeckt ihr gut

Natürlich erschraken wir mächtig, als meine Tochter Ida beim Frühstück plötzlich »Da Tod« rief. Wir wussten nicht, wo sie mit ihren 20 Monaten dieses Wort aufgeschnappt haben sollte, und vor allem nicht, weshalb sie es anbrachte. »Da Toood«, sagte sie nachdrücklich.

Die absurde Sterbe-Szene aus dem Monty-Python-Film »Der Sinn des Lebens« kam mir in den Sinn. Eine lustige Gesellschaft wird von heftigem Pochen an der Tür unterbrochen. Draußen steht der Sensenmann. »Ich bin der Tod«, sagt er gruftig. »Kommen sie herein, Mr. Tod«, säuselt die Gastgeberin. Erst langsam dämmert es den Versammelten, was der finstere Kuttenträger will: Sie alle sind soeben dahingeschieden und werden nun umgehend abgeholt. Der Tod deutet mit seinem knochigen Finger auf den Tisch: »Die Lachspastete«. Und dann geht es ab ins Jenseits …

Meine Tochter deutete auch mit dem Finger vage über den Frühstückstisch, auch wenn sie Rasseln Sensen vorzieht. Lachspastete gab es zum Glück nicht, aber Aufschnitt, und man weiß ja nie.

»Da Toooooood!« brüllte sie, äußerst ungeduldig angesichts unserer Begriffsstutzigkeit. Plötzlich ging uns ein Licht auf. Na klar, der Toood: der Toast! Erleichtert reichten wir Ida eine Scheibe.

»Wuht dadauf!«, forderte sie.

Gern, Wurst drauf.

Sie biss herzhaft in das Brot. »Da Tod, gut.«

Die Sache war so: In Sachen Spracherwerb zeigte sich Ida enorm begabt, eignete sich rasch ein reiches Vokabular an, zeigte schon früh ein Faible für komplexe Mehrwortsätze. Nur mit manchen Lauten klappte es eben nicht wirklich gut. Überhaupt nicht gut. Aber das ist bei vielen Kindern so. Man kennt das ja, ein fremder Balg steht plötzlich vor einem, zum Beispiel auf dem Spielplatz, er plärrt vorwurfsvoll »Miwiee dagaha Masookoo« oder so ähnlich, dann kommt eine Mutter mit finsterem Blick, schüttelt ungeduldig den Kopf und sagt: »Nun geben sie ihm schon ein Stück Schokolade ab.«

Ganz so schlimm war es bei uns nicht. Aber dennoch: Ida hatte besonders oft mit dem Anlaut eines Wortes Schwierigkeiten, das »s« war besonders problematisch, und einige ihrer Ausdrücke waren überhaupt nicht abzuleiten. Dass Butter wie »Buddha« klang – okay. Dass Marmelade »Mahadi« hieß – auch noch verständlich. Aber weshalb hieß der Fisch »da Hüpp«? Zumal auch das Schiff »da Hüpp« war? Wie kam sie von Löffel auf »Hobba«? Wir wussten es nicht, wir wussten nur: Wurde Marmelade auf den Toast gelöffelt, hieß das »Der Tod Mahadi Hobba dadauf.« Es gibt Dinge zwischen Frühstückstisch und Himmel, die bleiben unerklärlich.

Spracherwerb ist also etwas Geheimnisvolles und Faszinierendes. Nun sollen Eltern, um ihren geliebten Spross optimal zu fördern, die undudenhaften kindlichen Wortschöpfungen nicht ständig besserwisserisch korrigieren. Vielmehr ist das fragliche Wort bei der nächstbesten Gelegenheit einfach korrekt auszusprechen, ganz beiläufig sozusagen. Auch sollten die charmant-niedlichen Kreationen des Kindermundes wiederum nicht von den Erwachsenen aufgenommen und verwendet werden. Denn wie sollte der Nachwuchs dann lernen, wie das Wort tatsächlich heißt?

Im Fall unserer ersten Tochter Dana hatten wir uns vorbildlich verhalten. Rasch waren all die unkorrekten Konsonanten, die genuschelten Endungen und fehlerhaften Deklinationen verschwunden. Bei Ida hingegen – nun, »Gib mir noch einen Tod!« fanden wird im Lauf der Zeit recht witzig. Schon bald hatte Ida mit ihrer Radebrecherei unser Familienvokabular kräftig und kreativ bereichert. Wenn wir uns voneinander verabschiedeten, riefen wir »Hüüt« – das hieß »Tschüss« – und forderten den »Kutt«. Einen Kuss. Auch ohne Idas Anwesenheit sprachen wir miteinander so: »Hüüt, Papa«, »Mama, ein Kutt!«

Dass wir uns damit in den Augen Dritter auffällig verhielten, merkten wir nicht. Im Supermarkt sagten wir: »Wir brauchen noch Mahadi«, und am Seeufer riefen wir: »Guck, da Hüpp!«, um uns gegenseitig auf Schiffe oder Fische aufmerksam zu machen. Wir nahmen auch nicht wahr, dass Ida längst enorme sprachliche Fortschritte machte – ganz ohne unsere Hilfe. »Toast, bitte«, sagte das Kind nun am Frühstückstisch völlig richtig, »mit Butter, bitte. Und Wurst, bitte«. Ein freundliches Wesen übrigens. Ich reichte ihr das Gewünschte: »Hier, mein Schatz. Tod mit Buddha und Wuht.«

Längst sagte Ida, wenn sie sich verabschiedete: »Tschüss!«. Als ich hingegen kürzlich in den Feierabend ging, sprach ich zu meinen Kollegen im Büro laut und deutlich, ohne es zunächst zu merken: »Hüüt!«

Spracherwerb ist wirklich etwas Faszinierendes. Und damit Hüüt.

Im Wald, da sind keine Räuber. Und keine Wölfe. Höchstens Mörderpuppen

Es ist eine Torheit zu glauben, man könne Kinder so ohne weiteres zugleich zu künstlerischer Empfindsamkeit und psychischer Robustheit erziehen. Kaum betritt man die fantastische Märchenwelt, sei es die der Brüder Grimm oder des Herrn Andersen, bleibt man an den Dornen der Gewalt hängen, stolpert man über die Wurzeln der Brutalität und landet im Sumpf des Bösen.

Dabei verliefen im Fall von Dana die Anfänge äußerst verheißungsvoll. Als ich einst von einer Auslandsreise nach Hause kam, brachte ich meiner Frau – wohlgemerkt meiner Frau – als Mitbringsel eine Chucky-Puppe mit. Chucky, bekannt aus bösen, sarkastischen Horrorfilmchen wie »Chucky, die Mörderpuppe«, »Chuckys Baby« und »Chucky und seine Braut«. Filme, in denen der kleine, fiese Titelcharakter mit schrillem Lachen allerhand Menschen dahinmeuchelt. Ich versteckte den ziemlich echt aussehenden Stoff-Chucky – gut 45 Zentimeter groß, mit Ringelpulli und Latzhose bekleidet, wilden roten Haaren auf dem Kopf, stierem Blick, üblen Narben und Klammern in der irren Killervisage – im Bett meiner Frau. Wo er von Dana, damals 15 Monate alt, gefunden wurde. Und ins Herz geschlossen.

Die beiden, Dana und Chucky, waren von da an unzertrennlich. Meine süße lockigenköpfige Tochter drückte die gar nicht süße, struppige Horrorgestalt an sich, liebkoste sie, sabberte sie voll, nahm sie mit in ihr Bettchen. Dana wollte sich auch nicht von ihrem Freund Chucky trennen, wenn wir das Haus verließen, um beispielsweise einen Spaziergang an der Donau zu machen oder auf dem Wochenmarkt einzukaufen. Meine Frau und ich, natürlich krampfhaft spießig auf unsere Außenwirkung bedacht, versuchten, Dana davon abzuhalten, drängten ihr knuffige Teddybären, flauschige Stoffhasen und lustige Spielhunde auf, aber alles vergebens. »Kackie!«, verlangte Dana immer wieder. Schon bald darauf sagte sie richtig »Chucky«, übrigens noch ehe sie ihren eigenen Namen korrekt auszusprechen in der Lage war.

Chucky saß also mit Dana im Kinderwagen und grinste die Welt diabolisch an. Passanten drehten sich um, starrten erst Chucky, dann Dana, dann uns Rabeneltern an, bevor ihr Blick wieder von Chucky gebannt wurde. Sie schüttelten entgeistert den Kopf, raunten sich – freilich für unsere Ohren deutlich und absichtlich vernehmbar – Sachen zu wie: »Was die Leute heute ihren Kindern zu spielen geben« und »Ist das nicht pädagogisch unverantwortlich?« Chucky grinste zu all dem nur hinterhältig.

Eine flüchtige Bekannte sprach Dana an und sagte doch tatsächlich: »Du hast aber eine hässliche Puppe.«

Dana schaute verunsichert drein und begriff angesichts des Tonfalls, dass etwas Abschätziges über ihren einzigartigen Liebling gesagt wurde. Ihre Augen füllten sich mit Tränen, und sie flüsterte »Chucky«.

Der Stoffwicht grinste noch ein wenig breiter als sonst, so schien es mir zumindest.

Die flüchtige Bekannte, die sich leider nicht verflüchtigte, hakte nach und deutete auf Chuckys heftig entstelltes Gesicht:

»Was hat der Kerl denn da für schreckliche Narben? Bekommst du da keine Angst, Kindchen?«

Dana schaute sich ihren kleinen Freund mit einer arglosen Neugier an, als ob sie ihn noch nie genauer betrachtet hätte. Dann fuhr sie mit ihren winzigen Fingern über die Narben und sagte in herzensmildem Tonfall: »Ach, der Chucky.«

Es war ganz einfach: Dana hatte keinen Sinn für Chuckys Hässlichkeit. All das Dämonische, Hinterlistige, Hundsgemeine, das Erwachsene sofort in seinem Antlitz wahrnehmen, entging ihr. Für sie sah er ganz normal aus – eben normal für einen Chucky. Von den ästhetischen Kriterien und psychophysiognomischen Kategorisierungen der Erwachsenenwelt war sie noch unbeleckt. Sie nahm jedes neues Wesen unvoreingenommen, wertneutral, offen an. »Ach, der Chucky.«

Monate, schließlich Jahre vergingen, mit der Zeit kamen doch andere Lieblingspuppen ins Spiel. Ein riesiger rosaroter Panther lief Chucky irgendwann den Rang ab, und die furchterregende Mörderpuppe hatte nur noch gelegentliche Einsätze im Kinderzimmer, wenn sie zum Erschrecken von liebem Besuch aus der Puppentruhe auftauchte.

Ja, die Monate, die Jahre vergehen, und Dana nimmt immer mehr von der vorurteilsbehafteten, angstvollen und neurotischen Erwachsenenwelt wahr. Mit all ihrer kindlichen Sensibilität. Eines Tages besuche ich mit ihr eine Kindertheatervorstellung. »Die Bremer Stadtmusikanten« in harmlos plüschiger Ausstattung mit zwei maskentragenden Akteuren, die sich in den zahlreichen Rollen fast schon albern abmühen. Esel, Hund,

Katze und Hahn mischen – wie es aus der altgedienten Grimmschen Vorlage bekannt ist – nach langweiligem Vorgeplänkel die Räuberhütte im Walde auf, die Räuber schreien und ballern und rennen davon.

Meiner Tochter ist das alles zu viel. Zu laut, zu hektisch, zu aggressiv – es ängstigt sie. »Ich will keine Räuber im Märchen«, verlangt sie danach, als sie wieder aus meiner Jacke auftaucht, »Räuber sind doof«.

Einige Monate später folgt ein erneuter Theaterversuch: Diesmal steht »Rotkäppchen« auf dem Programm. Brüder Grimm wie gehabt, der Wolf verspeist vorschriftsmäßig die Großmutter, und meine Tochter flippt aus. »Ich hab Angst! So ein böser Wolf! Ich will keinen Wolf mehr.«

Mir schwant Schlimmes. Wer sich im Märchen vor Räubern und Wölfen fürchtet, hat es nicht leicht in unserer Welt – und er wird auch an den Punkt kommen, wo ihn das Verspeisen netter Tiere schockiert. Das kann ich nicht wollen, Vegetarismus finde ich eher theoretisch begrüßenswert. Erst kürzlich ist Dana von meinem Vortrag des Liedes »Fuchs, du hast die Gans gestohlen« völlig aus der Bahn geworfen worden – zunächst wegen der gestohlenen Gans, dann wegen dem Jäger mit dem Schießgewehr. Ein mittlerweile zartes Gemüt, dem muss Rechnung getragen werden.

»Ich will die ›Bremer Stadtmusikanten‹ hören«, verlangt meine Tochter jedoch bald darauf überraschend von mir und hält mir einen dicken Märchenband unter die Nase. Allerdings unter einer Bedingung: »Ohne Räuber.«

Ich seufze, dramaturgische Probleme witternd, tue aber, wie mir aufgetragen wird, und improvisiere: »Es war einmal ein Mann, der hatte einen Esel. Dieser hatte schon so viele Jahre Säcke zur Mühle getragen. Seine Kräfte gingen zu Ende, schließlich konnte er nicht mehr arbeiten. Sein Herr beschloss, den Esel nicht weiter zu füttern. Sterben aber wollte der Esel nicht, deshalb lief er fort. Er wollte nach Bremen, um dort Stadtmusikant zu werden. Unterwegs traf er einen alten Jagdhund, eine Katze und einen Hahn, die schlossen sich ihm an. Abends kamen sie in einen Wald, in dem sie übernachten wollten. In der Ferne entdeckten sie ein Licht. Sie liefen hin, und weil es überhaupt kein Räuberhaus war, gingen sie hinein. Und da es ihnen dort gut gefiel, verzichteten sie darauf, nach Bremen zu gehen und beschlossen, für immer zu bleiben.«

»Was ist denn das für ein doofes Märchen?«, fragt meine Tochter erbost.

»Die Bremer Stadtmusikanten ohne Räuber«, sage ich.

»Aber da passiert ja gar nichts«, stellt Dana fest. »Das ist ja total langweilig.«

»Natürlich. Magst du es doch lieber mit Räubern hören? So wie es eigentlich gehört?«

»Nein.«

»Und was sollen wir jetzt machen?«

»Erzähl mir vom Rotkäppchen?«

»Bist du sicher?«

»Ja. Aber ohne Wolf!«

Wieder seufze ich, ich ahne schon, dass das nicht funktionieren wird. »Es war einmal ein süßes Mädchen, die hatte jedermann lieb, vor allem ihre Großmutter«, lege ich los. »Einmal schenkte sie ihm ein Käppchen aus rotem Samt, und von da an hieß es Rotkäppchen. Eines Tages sprach seine Mutter zu ihm: ›Komm, Rotkäppchen, da hast du ein Stück Kuchen und eine Flasche Wein, bring das der Großmutter hinaus. Mach dich auf, bleib auf dem Weg, sonst fällst du hin, und die Großmutter hat nichts davon.‹ ›Ich pass auf‹, sagte Rotkäppchen. Die Großmutter wohnte draußen im Wald. Wie nun Rotkäppchen in den Wald kam, begegnete ihm kein Wolf, kein einziger. Übrigens auch kein Räuber. Daher kam Rotkäppchen unbehelligt zur Großmutter, gab ihr Kuchen und Wein, die Großmutter freute sich, das Rotkäppchen auch, und wenn sie nicht gestorben sind, dann essen und trinken sie noch heute.«

»Das ist ja ein total blödes Märchen«, giftet meine Tochter.

»Ja, aber ...«

»Ich will überhaupt keine Märchen mehr hören«, sagt meine Tochter. »Die sind langweilig. Ich will Fernsehen gucken.«

Eigentlich ist Fernsehschauen bei uns strengen Regeln und Limitierungen unterworfen. Dana blättert in der Programmzeitschrift und wird offenbar fündig. »Das will ich ansehen.« Sie deutet auf ein Foto im Nachtprogramm. Ein guter alter Bekannter grinst uns diabolisch und blutrünstig an. »Chucky – Die Mörderpuppe ist zurück«.

»Das ist bestimmt was für Kinder«, sagt Dana unbeirrbar, dann nimmt ihr Gesicht weiche Züge an und sie sagt zuckersüß: »Ach, der Chucky.«

Papa, fertig: Lieber Haarpfeife als Fleischfroster

»Papa, fertig!«

»Ja, ja, gleich.«

Früher, als das noch Zeiten waren, lauteten die Berufswünsche der Töchter Tierärztin oder Prinzessin, die Söhne wollten Astronaut, Feuerwehrmann oder Lokführer werden. Das hörten die Eltern gern. Ob alle Kinder ihre Ziele erreicht haben, erscheint beim Blick ins Branchenbuch fraglich: Einige haben dann doch lieber ein Nagelstudio eröffnet oder wurden vereidigte Buchprüfer. Solche Schicksale können Kinder gemeinhin nicht vorhersehen.

Heute fliegen die Astronauten nicht mal mehr auf den Mond, die Lokführer streiken gern, und die Prinzessinnen werden in der Yellow Press wahlweise als Flittchen, Essgestörte oder Hysterikerinnen dargestellt. Der Nachwuchs will lieber Super-Nanny oder Klingeltonkomponist, Paparazzi oder Hiphopper werden. Einige wollen Hiphop und Klingeltöne auch kombinieren, der wirtschaftlichen Synergie wegen. Das alles hören die Eltern weniger gern. Andererseits können auch schon Kinder im Vorschulalter Hits wie »Du hast den geilsten Arsch der Welt« sowohl texten als auch komponieren, und die Tantiemen sind nicht zu vernachlässigen.

»Mach Brot, Mann!«

»Ja, mach ich gleich.«

Natürlich gibt es heute allerlei neue attraktive Jobs, etwa Wettkönig oder Quizmoderatorin auf DSF. Eine Internet-Seite bewarb kürzlich die Berufsbilder Reinigungstaucher und Pornojäger – vielleicht kann man die miteinander verbinden? Andere Menschen werden Fernsehcontainer-Bewohner, gar Literaturpapst oder Lichtgestalt. Doch wie geht das? Kann man das im Beratungsgespräch in der Bundesagentur für Arbeit fragen: »Wo kann ich mich zur Lichtgestalt weiterbilden?« Oder wird man dann nur als Medium mit russischem Künstlernamen im TV-Astrologiekanal verheizt?

Eine Antwort erhält man nicht. Hingegen bietet das Arbeitsamt folgende Berufe und Jobs an: Mehlherstellerhelfer, Weihnachtsfrau, Reaktorfahrer, Fleischfroster, Speisefettfacharbeiter, Gummistrumpfstricker. Und nicht zuletzt offenbar Anzügliches wie Rammmeister, Reiber und Decksmann, Kunststopfer und Gummiwerker.

»Papa, Papa, fertig! Papa!«

»Mensch, Mann, mach Brot!«

»Kurzen Moment noch.«

Ich wurde Journalist. Die ursprüngliche Motivation: Auf dem Anmeldungsblock in Hotelrezeptionen wollte ich unter Beruf »Journalist« schreiben können, um bessere Zimmer zu bekommen. Ein Bekannter sagte mir schließlich, das sei peinlich. Ich glaubte ihm, bis mir auffiel, dass er in Restaurants stets einen Schreibblock auf den Tisch legte, obwohl er nicht mal Gaststättenkritiker war.

»MACH! BROT! MANN!«

»PAPA! FERTIG!«

»Augenblick noch, bitte.«

Wo war ich? Genau – nun bin ich also Redakteur und sitze auf Dienstreisen trotzdem in schlechten Hotelzimmern herum. Dienstreisen sind jedoch selten, und in Wirklichkeit habe ich ohnehin ganz andere Jobs: Ich bin in meiner Familie offiziell Brotbeleger, Poabwischer und Haarpfeife. Obwohl das Arbeitsamt diese Berufe gar nicht in seinen Listen führt.

Das kommt so: Meine Kinder haben uns Eltern klare Kompetenzen zugewiesen. Ich bin der so genannte »Brotbeleger« und habe in dieser Eigenschaft am Frühstücks- und Mittagstisch sorgfältig die Schnittchen aller Anwesenden zu belegen. Auch die meiner Frau. Ganz besonders die meiner Frau. Brot. Butter. Schinken. Käse. Gürkchen. »Mach Brot, Mann«, sagt sie, und ich mach.

Was es mit dem »Poabwischer« auf sich hat, mag sich jeder selbst zusammenreimen. »Papa, fertig!«, lautet das dazugehörige Kommando. Allerdings geht es in dieser Angelegenheit eher um meine Kinder, nicht um meine Frau.

Und »Haarpfeife«? Da ich selber keinen nennenswerten Kopfschmuck aufweise, behaupten meine Kinder, ich Ahnungsloser könne weder kämmen noch frisieren. »Du tust mir weh, du Haarpfeife«, brüllen sie, wenn ich nur die Bürste in die Hand nehme und mich ihnen auf zwei Meter nähere. Sofort setzen Rufe nach der Mama ein, die ist nämlich »Haar-Checkerin«, obwohl ich glaube, dass sie sich diesen ohnehin fragwürdigen Ehrentitel selbst verliehen hat.

Es gibt nämlich wunderbare Titel und wunderschöne Berufsbezeichnungen, die nicht geschützt und daher straffrei zu tragen sind. So darf sich heute jedermann »Haar-Checker« rufen lassen, »Publizist« auf die Visitenkarte drucken oder »Kampftrainer« ans Klingelschild kleben. Und »Sexualtherapeut«, damit kann man ja gar nichts falsch machen. So könnte ich mich also nun »Nagelstylist« und »Netzwerk-Administrator« nennen. Oder als Sachverständiger für Edelsteine, Orientteppiche und das Dachdeckerhandwerk durchs Land ziehen. Oder mir »Fachberater für Bachblütentherapie und Ayurveda« auf die Visitenkarte drucken.

In Wirklichkeit aber bleibe ich bei meinen Leisten und bin Brotbeleger honoris causa, Chef-Poabwischer und diplomierte Ober-Haarpfeife.

»MAAAANNNN!«

»PAAAPAAAAA!«

»Ja, ja, ja, bin schon da.«

Aller guten Dinge sind nicht immer dei

Seitdem ein gewisser Herr Pisa gesagt hat, dass unsere Kinder nicht pfiffig sind, sondern brummen, ist Schluss mit »Wissen ist Macht, nichts wissen macht nichts.« Plötzlich merken wir in Deutschland: Jede Achtjährige kennt Lady Gaga, aber kein Abiturient kann vor lauter Gaga drei Flüsse in Algerien aufzählen oder komplizierte Wurzeln ziehen, nicht einmal diejenigen, die als Berufswunsch Zahnmedizin angeben.

Der besorgte Mathematikprofessor Lothar Gerritzen hat dann auch noch herausgefunden, dass deutsche Kinder ohnehin benachteiligt sind, weil sie »einundzwanzig« sagen müssen anstatt »zwanzigeins«, wie es in den meisten modernen Sprachen der Fall sei, etwa im Englischen (»twenty-one«) und Französischen (»vingt et un«). Denn wir Deutschen lesen genauso von links nach rechts, nur bei Zahlen weichen wir zuweilen davon ab. Dieser unlogische Umgang mit unserem dekadischen Stellwertsystem – das heißt wirklich so – führe in globalisierten Zeiten zu Nachteilen im internationalen Vergleich. Die Folge sind nicht zu beziffernde wirtschaftliche Schäden, von gravierenden Irrtümern bei Schuhgrößen, Penislängen und bei der Bestellung in chinesischen Restaurants gar nicht zu sprechen. Professor Gerritzen regte geradezu revolutionär sogar dazu an, statt »elf« künftig »zehneins« zu sagen.

Was er dabei übersieht: Die Probleme beginnen mit den Zahlen schon unterhalb von zehneins, ja sogar unterhalb von zehnnull. Und damit auch bereits Jahre vor der Schulzeit. Denn um

Schwierigkeiten zu bekommen, ist kein unlogischer Umgang mit dem dekadischen Stellwertsystem vonnöten, es genügen phonetische Unschärfen. Als meine Tochter Ida zweieinhalb Jahre alt war, kämpfte sie verzweifelt mit dem »r«. Zuweilen ersetzte sie diesen zugegeben recht komplizierten Laut durch ein »h«, so wurde unsere Freundin Rosi zur »Hosi«. Oft ignorierte Ida das »r« komplett, und das machte die Hosi dann auch noch zu unserer »Feundin«. Die Zahl drei sprach Ida folglich als »dei« aus.

Soweit war das nicht schlimm, doch Ida bekam ebenso eine Reihe von Doppellauten nicht auf ebendiese, selbst wenn kein »r« darin vorkam. Zum Beispiel scheiterte sie an »zw«. Aus unerfindlichen Gründen nahm sie stattdessen mit einem »d« vorlieb. Dass die Zwiebel nun »Diebel« hieß, damit konnte man sich leicht arrangieren, doch wurde aus der »zwei« nun eben auch »dei«.

Da Ida in ihrem dritten Lebensjahr war und gewisse rechthaberische Züge zeigte, musste diese klangliche Gemengelage bei diesem Kind zu Missverständnissen führen. Etwa wenn man auf der Straße Bekannte traf.

»Hallo Ida! Menschenskind, du bist ja groß geworden. Wie alt bist du jetzt denn?«

»Dei.«

»Du bist schon drei?«

»Nein! Dei!«

»Ja, drei?«

»Deeeiii!«

»Zwei?«

»Jaaa, dei!«

»Und wie alt wirst du nächstes Jahr?«

»Dei!«

Eben: Die Hoffnung, dass sich dieses Problem alsbald, spätestens mit dem nächsten Geburtstag verflüchtigen würde, war gering, denn dann wäre Ida ja nicht mehr »dei«, sondern eben »dei«. In ihrem eigenen Kopf, der ohnehin stets ein sehr eigener Kopf war, unterschied Ida mengenmäßig nämlich durchaus schon zwischen zwei und drei, und sie verstand die beiden Zahlen auch korrekt, wenn jemand mit ihr sprach. Etwa zu Tisch.

»Wieviel Scheiben Wurst möchtest du auf deinem Brot?«

»Dei.«

Nahm man nun großzügigerweise drei Scheiben, konnte es sein, dass sich Ida alsbald in den allseits gefürchteten Tobsuchtszwerg verwandelte.

»Nein, dei!«

»Ach so, nur zwei.«

»Ja, dei.«

Dei sind einer zuviel? Alle guten Dinge waren nun gar nicht dei. Denn die theoretisch naheliegende Vermeidungstaktik in Sachen zwei und drei war im Alltag gar nicht so einfach umzusetzen. Es ging ja nicht darum, das Grimm-Märchen »Die dei Brüder« oder »Die dei Musketiere« zu ignorieren, bei »Die Dei von der Tankstelle« den Fernseher rasch umzuschalten, und für meinen Lieblingswestern »Dei glorreiche Halunken« war Ida ja ohnehin noch zu klein. Aber sie interessierte sich nunmal für Zahlen. Und so zählte sie lustig »Eins, dei, dei, vieeeaaa« runter. Äffte man sie nach, »eins dei dei«, wurde sie sauer, denn sie hatte den Unterschied ja im Kopf. »Nicht dei dei! Dei dei!«

Ein Glück, dass es damals lediglich den ersten »Ice Age«-Film gab und nicht die Fortsetzungen »Ice Age dei« und »Ice Age dei«. Und ein Glück, dass Ida pünktlich zu ihrem dritten Geburtstag doch das »r« auszusprechen lernte.

Was lernen wir daraus? Mathematikprofessor Gerritzen hat mit seinem neidischen Blick auf England und Frankreich recht, aber aus anderen Gründen. »One, two, three« und »un, deux, trois« sind weniger missverständnisanfällig als »eins, dei, dei«. Aber sonst taugen die Franzosen mathematik-sprachlich kaum als Vorbild. Die sagen für 97 doch »Quatre-vingt-dix-sept«, also »Vier-zwanzig-zehn-sieben«. Das soll besser, logischer sein? Auch sonst wirft der Einwand des Zahlenverdrehers Fragen auf: Lässt sich Kölnisch Wasser überhaupt als Vierzigsiebenzehneins verkaufen? Ist Sechzigneun nicht völlig unerotisch? Nein, die Sache hat er nicht zu Ende gedacht. Also eine echte 08/15-Idee – sozusagen null-acht-zehnfuff. Hätte er mal lieber deimal darüber nachgedacht. Oder sogar deimal.

Papa, ärgere dich nicht

Gibt es etwas Freudvolleres, als mit seinen Kindern zu spielen? Erstens macht es unbändigen Spaß, zweitens lernen die Kleinen dabei elementare Dinge fürs Leben. Und drittens, oder eigentlich erstens: Man gewinnt häufig.

Der Satiriker Ephraim Kishon hat schon vor Jahrzehnten darüber geschrieben, wie er mit seinem minderbegabten Sohnemann versucht, Tischfußball zu spielen – und in seiner Verzweiflung schließlich all seinen eigenen Holzfiguren die Füße und Beine abbricht, nur um seinen unfähigen Jungen siegen zu lassen und dessen Selbstbewusstsein zu heben. Wie armselig, wie erbärmlich! Wie soll es das Selbstwertgefühl eines Pimpfes befördern, wenn der sich gegen einen offensichtlich wehrlosen Gegner durchsetzt? Das verstärkt doch nur das Schwächlingstum. Nein, Kinder entwickeln Siegeswillen, Kampfkraft und Durchsetzungsvermögen nur dann, wenn man ihnen mit Härte und Ehrgeiz entgegentritt. Steffi Graf wird man nicht im Streichelzoo. Mit diesem Wissen spiele ich mit, das heißt: gegen meine Töchter.

Reine Glücksspiele lehne ich freilich ab. Würfeln kann jeder Depp. Etwas Geschick, Strategie und Taktik sollten schon von früh an gefordert werden dürfen, wir leben schließlich in neoliberalen Zeiten. Natürlich gibt es hin und wieder Tränen, wenn ich Dana bei »Ene mene mu« ihre Kühe und Pferde aus dem Pappstall ziehe und meiner großen Herde hinzufüge, oder wenn sie merkt, dass sie bei »Tiere füttern« schon wieder weniger Nuss-, Apfel- und Getreide-Karten gesammelt hat als der schlaue und emsige Papa. Meine Frau wirft mir dann vorwurfsvolle Blicke zu, aber diese Blicke halte ich aus, denn ich weiß, dass mein Streben und Tun zum Besten aller Beteiligten ist, wenn ich konsequent auf Sieg spiele und jeder Verweichlichung entgegenwirke. Michael Schumacher wird man nicht im Kuscheleck.

Apropos meine Frau. Die sollte ich beim Spielen eigentlich überhaupt nicht mittun lassen. Sie verschont bei »Mensch ärgere dich nicht« – ohnehin ein selten dämliches, hirnverbranntes, da reines Glücksspiel, das aus dem Fenster geworfen gehört – ihre gefährlich aussichtsreich in Führung liegende Tochter und schlägt lieber mit lautem Traraaa eine meiner Figuren. Leider muss ich dann, wenn ich an der Reihe bin, meine Tochter ebenso verschonen, weil ich nun eine Figur meiner Frau weghauen muss. Mit noch lauterem Traraaa. Dummerweise gewinnt in der Folge meine Tochter das Spiel, weswegen ich meiner Frau Vorhaltungen mache. Sie sagt, natürlich, unausweichlich: »Mensch, ärgere dich nicht«, Dana lacht, ich werde noch saurer, worauf meine Frau wiederum meint, wenn ich schon wolle, dass mein Kind beim Spielen etwas lernt, dann könnte ich ihr doch mal vormachen, wie man ein guter Verlierer wird. Das ist die Höhe. Boris Becker war nie ein guter Verlierer.

Meine Töchter sollen zwar durchaus lernen, gute Verlierer zu werden, das ist eine ehrenwerte Fähigkeit, aber das sollen sie eben durch Verlieren lernen. In erster Linie aber sollen sie für ihr späteres Leben lernen, Siegerinnen zu werden, Championettes, Triumphatorinnen, und das geht nur auf hartem Wege. Indem sie sich mit ihrem überlegenen Vater messen und, durch Niederlagen angestachelt, wachsen und sich steigern. Warum ist Beckenbauer wohl Weltmeister und Kaiser geworden? Weil er 1966 das WM-Endspiel verloren hat. Was hat die unglückliche Champions-League-Niederlage von Bayern München gegen Manchester in Finale 1999 zur Folge gehabt? Einen Motivationsschub: Bayern holte sich zwei Jahre später die Schüssel.

Das alles bedeutet allerdings, dass ich gegen Dana nicht im Memory antreten sollte. Wenn wir mit zehn Kartenpaaren spielen, habe ich noch eine faire Chance. Mit 15 Pärchen benötige ich schon viel Glück, aber bei mehr als 20 Bilderkärtchen sehe ich gegen die Vierjährige überhaupt kein Land. Ich stiere auf die vielen Karten, konzentriere mich verbissen, merke mir ganz genau, wo welches Motiv versteckt liegt, Ball, Sonnenblume, Auto, Bausteine, Bonbon und so weiter; dann decke ich Ball und Auto auf. Oder Bärchen und Schuh. Oder Brezel und Bonbon. Ein absolutes Debakel. Dana hingegen blickt kaum auf die Karten, ihr Blick schweift durch den Raum, sie bohrt gedankenverloren in der Nase, trinkt etwas, singt und summt, und dann deckt sie gnadenlos auf: Ball und Ball, Auto und Auto, Schuh und Schuh. Wahrscheinlich könnte sie zwischendurch auch aufs Klo gehen und mich dennoch abzocken.

So kann es nicht weitergehen. Was lernt Dana denn, wenn sie sich immer spielerisch leicht durchsetzt? So einfach geht es im Leben nicht zu, und das muss sie erfahren. Auch wenn es mir selbst schwerfällt. Ich beginne, die Spielregeln ein wenig zu variieren. Ich deute mitten im Spiel aus dem Fenster und sage: »Dana, schau, da hinten läuft ein Pferd«. Während sie mit den Augen draußen arglos nach den Viechern sucht, blicke ich rasch unter die Karten, um mir einen kleinen Wissensvorsprung zu verschaffen. Der Erfolg: Ich fühle mich mies. Und vor allem: Dana gewinnt noch immer.

Während der nächste Runde greife ich zu einem Stückchen Schokolade, das mir wie aus Versehen aus der Hand und unter den Tisch fällt. Während Dana die Schokolade aufhebt, vertausche ich die Karten ein wenig. Oder auch ein wenig mehr. Ich fühle mich wieder mies, aber immerhin hat Dana etwas Süßes bekommen, und außerdem verliere ich wieder, wenn auch nur knapp. Aber ich verliere.

Offenbar muss ich zu extremeren Methoden greifen. Möglichst unauffällig beschrifte ich die Rückseiten der Karten, schreibe mit dünnem Bleistift »Schuh«, »Brezel« und »Bonbon« darauf. Dana kann schließlich noch nicht lesen. Meine Frau allerdings schon. »Schäm dich«, sagt sie. Ich schäme mich, aber ich mache das doch nur zum Besten unserer Kinder. Später werden sie mir es danken. Später werden sie aber auch lesen können, fällt mir ein. Ich sollte rechtzeitig ein neues Memoryspiel kaufen. Und lernen, ein guter Verlierer zu werden.

Bonn liegt in Niederbayern, sagte der Vollidiot auf Französisch

Wenn das vierjährige Töchterchen in der kleinen, dicht gefüllten Bäckerei sagt: »Heilige Scheiße, ist das voll hier«; und spätestens wenn die zweijährige Schwester nach einer Schimpfkanonade meiner Frau zu einer immerhin selbst improvisierten Melodie das Liedlein »Fick Fack« zum besten gibt, ja, dann wird einem klar, dass man der vor den Kindern gepflegten Wortwahl mehr Beachtung schenken sollte.

Denn was nur für den privaten Gebrauch in den eigenen vier Wänden gedacht ist, wird von den Nachwuchslautsprechern ohne jede böse Absicht, allerdings auch ohne jegliche verbale Sensibilität in alle Welt hinausposaunt. Was die Erziehenden nicht selten in ungünstiges Licht rückt. Vorsicht und Zurückhaltung sind folglich angesagt.

Da es durchschnittlichen Eltern wie uns kaum gelingen wird, alltägliche familiäre Unterhaltungen ohne deftige Ausdrücke, Lästereien, negative Urteile über gerade Abwesende und Bösartigkeiten aller Art zu führen, entwickeln viele von uns kommunikative Codes. Man könnte auch sagen: Wir greifen zu billigen Tricks. Einige Eltern verwenden schlicht Abkürzungen: »K. aus dem Dachgeschoss ist ein Riesen-A.« Wobei dieser Satz, von Kindern in der Öffentlichkeit zitiert, dennoch ziemlich eindeutig klingt. Andere gewöhnen sich daher eine Zeichensprache an, was aber zum einen schlimm albern, zum anderen missverständlich ist, wenn »Tante Trude hat sie nicht mehr alle« am Frühstückstisch in Wirklichkeit auch »Gib mir mal das Salz« bedeuten könnte.

Wiederum andere Eltern lügen schlicht und einfach. Das allerdings will gekonnt sein, und die Konsequenzen wollen getragen werden.

Dazu folgende Anekdote. Als ich noch ziemlich klein war, bewarb sich mein Vater, seines Zeichens Arzt, damals an einer Pfälzer Klinik angestellt, auf eine Stelle im fernen Niederbayern, in einem Ort namens Griesbach. Da an seinem Pfälzer Arbeitsplatz niemand wissen sollte, dass er eventuell an ein anderes Krankenhaus wechseln und sich verbessern wollte, mein Vater aber getrost davon ausgehen konnte, dass ich, sein kleiner Liebling, jedem auf der Straße und vor allem seinem Vorgesetzten, der dummerweise im gleichen Haus wie wir wohnte, von der anstehenden Fahrt nach Niederbayern und den beruflichen Plänen erzählen würde, entschieden sich meine Eltern dafür, mir zu erzählen, dass wir nach Bonn ins ägyptische Konsulat fuhren. Nicht, dass ich wusste, was ein Konsulat war oder wo Bonn lag, aber es klang aus meinem Mund wohl weniger bedrohlich als Krankenhaus oder Vorstellungsgespräch oder Niederbayern.

Der Plan meiner Eltern ging auf, wir reisten also ins beschauliche Griesbach nahe Passau, ich wähnte mich in Bonn und erzählte nach unserer Rückkehr von der Bundeshauptstadt: einem hübschen Dorf in hügeliger Landschaft. Die Pointe? Mein Vater bekam die erhoffte Stelle, wir zogen nach Bayern, und als wir dort ankamen und meine Eltern mir nun erzählen wollten, jetzt seien wir in unserem neuen Zuhause in Griesbach angekommen, wurde ich zornig und versteifte mich darauf, und das noch wochenlang, in Bonn zu leben.

Primitives Lügen funktioniert also nicht wirklich gut. Aber was dann? Eine populäre Methode besteht darin, angesichts kritischer Themen in Fremdsprachen auszuweichen. Englisch verstehen die Kinder heute leider ziemlich früh, zumal dank HipHop besonders die deftigen Ausdrücke. Also Französisch. Leider ist mein Französisch ziemlich eingerostet. Je parle äh non pardon. Meine Kinder würden das zwar nie und nimmer verstehen, was ich von mir gebe, aber sonst auch niemand.

Meine Frau hat sich daher doch für die erste Alternative entschieden: Namen in heiklen Zusammenhängen abzukürzen.

»W. E. hat heute wieder auf dem Spielplatz aus dem Mund gestunken«, sagt sie etwa.

»Wer hat gestunken?«, fragt Dana.

»Wer gestunken?«, fragt Ida.

»Ja, wer hat gestunken?«, frage ich.

»W. E., die Mutter von A. und C.«, erläutert meine Frau.

»Du meinst, die Mutter von A. und K.«, will ich wissen.

»Nein, von C!«

»Schreibt man den Klaus mit C?«, frage ich.

Meine Frau schaut zornig drein, zornig mit Z.

»Klaus' Mama stinkt aus dem Mund«, schlussfolgert Dana, für die die Information eigentlich nicht gedacht war.

»Klaus' Mama stinkt«, sagt auch Ida und singt zum Ausgleich den aktuellen Sommerhit »Fick Fack«.

Wir lernen: Man muss die Abkürzungs-Technik konzentriert und vorsichtig anwenden.

Zweitens: Man sollte sich dabei vor gefährlichen Missverständnissen hüten.

»P. E. ist ein Vollidiot«, sage ich eines Tages über einen Bekannten und erzähle meiner Gattin von einer kleinen Auseinandersetzung, die ich mit ihm hatte.

»Passt gar nicht zu ihm«, widerspricht meine Frau, »er ist doch immer freundlich, zuvorkommend und fair.«

»P. E.?«

»Äh, ja.«

Die Kinder werden wieder neugierig, vielleicht sogar mehr, als wenn wir ohne Abkürzungen, dafür flüssiger miteinander kommunizieren würden.

»P. E. ist ein Depp«, beharre ich.

Meine Frau gibt die Vorsichtsmaßnahmen auf: »Seit wann redest du so über deinen Chef?«

»Mein Chef? Ach so, stimmt, der heißt auch P. E.! Nein, ich habe den anderen P. E. gemeint, der ist die Arschnase.«

Meine Kinder haben nun natürlich etwas aufgeschnappt, leider das Falsche.

»Papas Chef ist eine Arschnase«, sagt Dana.

»Papa Chef Arsch«, sagt Ida. »Fick Fack.«

»Ich kann es nicht mehr ertragen, wenn die Leute über A. H. herziehen«, sagt meine Frau ein andermal.

Ich rätsele wieder einmal. A. H.? »Hitler?«, frage ich.

»Ich glaube, wir sollten das mit den Abkürzungen wieder lassen«, sagt meine Frau genervt, »weil M. A. K. ein Schwachkopf ist.«

»Wer?«

»Du!«, sagt sie.

So geht es also auch nicht. Man könnte natürlich einfach nett, zurückhaltend und ehrlich sein, am besten immer nur Gutes über seine Mitmenschen sagen. Aber ich glaube, ich frische lieber mein Französisch auf. Oder wir fahren alle nach Bonn. Das liegt in Niederbayern

Wie auch Erziehungsberechtigte die anale Phase überwinden

Es gibt die orale Phase, es gibt die anale Phase, und zuweilen gibt es eine Kombination aus beidem. Geht alles glatt, lassen wir all das irgendwann in der Kindheit hinter uns und werden zunächst zu verklemmten Jugendlichen und später zu freudlosen Erwachsenen. Bei manchem geht es nicht glatt, ich zum Beispiel habe mir eine Affinität zu körpersaftigem Humor erhalten.

Damit meine ich nicht die Furz-, Fellatio- und Fäkalwitzchen aus amerikanischen Teenie-Filmklamotten – die langweilen mich. Aber ich habe doch eine Freude an latent peinlichen Situationen, die mit physiologischen Funktionen aller Art zu tun haben. Vielleicht bin ich als halborientalischer Gynäkologensohn diesbezüglich einfach deftiger sozialisiert worden. Meine Frau meint, ich könnte mit vier Lebensjahrzehnten nicht immer noch mein Heranwachsen als Frauenarzt-Spross als Ausrede für alle meine Charakteruntiefen heranziehen. Da muss ich ihr zustimmen. Aber da so mancher deutscher Comedian mit genau solchem Humor die Hallen füllt, entgegne ich ihr, sie dürfe sich nicht zu sehr beklagen; andere würden dafür sogar Eintritt zahlen.

»Du stinkst im Gesicht nach Dünnpfiff«, sage ich eines Tages zu meiner Frau. Natürlich sagt man sowas nicht, das ist gar nicht nett, selbst wenn es stimmt. Dabei stimmt es gar nicht wirklich. Um genau zu sein, riecht es nach ihrer »natürlich tönender

Tagespflegecreme mit ausgesuchten Pflanzenzubereitungen in öliger und wässriger Form«. Zwar könnte es sich bei den ausgesuchten Pflanzenzubereitungen um Auszüge schlammiger Sumpfgräser, faulen Kohls und zersetzter Algen handeln, aber Tatsache ist, dass die Creme, wenn sie frisch aus der Tube kommt, nicht sonderlich unangenehm riecht. Unangenehm riecht sie erst auf dem Gesicht meiner Frau, und das festzuhalten, ist wie gesagt gar nicht nett. Zumal das Gesicht meiner Frau als solches durchaus angenehm in der Nase ist. Natürlich wird jeder Chemiker bestätigen, dass sich um irgendeine simple Reaktion handeln wird, die nichts, aber auch gar nichts mit meiner Gattin zu tun haben dürfte, dass sich Gerüche auf menschlichem Gewebe nunmal individuell unterschiedlich verhalten und verändern. Wenn ich wiederum einen milden Ziegencamembert verspeise, so betont meine Frau nämlich, stänke ich aus dem Mund (sie sagt: Maul), als ob ein Bock darin seine Notdurft verrichtet habe (sie greift zu einer anderen Wortwahl).

Meine Frau hat sich also mit dieser Form meines Humors irgendwie im Lauf der Jahre arrangiert, was aber nicht den Schluss zulässt, dass sie immer lacht, wenn ich derbe Sprüche raushaue. Es ist eher eine Art der freundlich-nachsichtigen bis eher missmutigen Duldung. Als sie eines Tages nach Erbrochenem riecht, frage ich sie, ob sie die Hautcreme gewechselt hat. Das ist ein Fall, wo auch die Sache mit dem Gynäkologensohn als entschuldigender Hinweis nicht mehr funktioniert. Und mit den hochbezahlten Comedians brauche ich da auch nicht anzukommen.

Wenn man Kinder erzieht, sollte man sich in diesen Angelegenheiten sowieso ein wenig am Riemen reißen. Aber keine Angst:

Falls einem das nicht gelingt, wird man von seinem Nachwuchs dazu erzogen. Auf die harte Tour.

Die harte Tour geht wie folgt: Meine Frau will sich die Haare tönen, ich habe den Auftrag, die Farbpackung »Rötliches Braun« aufzutragen und einzumassieren. Zu diesem Zweck streife ich Plastikhandschuhe über, und als die zweieinhalbjährige Ida ins Bad kommt, noch bevor ich mit der Packung angefangen habe, schlägt meine Vorliebe zu exkrementalen Witzeleien mal wieder voll durch. Ich tauche, ohne dass Ida es sieht, meinen rechten Zeigefinger in die braune Masse und tue dann so, als ob ich den Finger aus dem Gesäß meiner Gattin ziehe und die Substanz auf ihren Kopf streiche. Ida wirft mir einen ebenso ungläubigen wie entsetzten, ja angeekelten Blick zu und ruft –

An dieser Stelle muss ich einfügen, dass unser Haushalt des öfteren von Kinderhörspielen aus der nervtötenden »Susie«-Reihe durchschallt wird. »Susie backt Pizza«, »Susie auf dem Bauernhof«, »Susie geht zum Arzt« undsoweiter, die Kinder bekommen nicht genug davon, für meinen Geschmack fehlen allerdings die Folgen »Susie hält endlich den Mund« und »Susie bekommt einen Tritt in den Hintern«. Jedes Susie-Abenteuer beginnt mit dem Susie-Titellied, dessen Refrain so geht: »Das ist Susie, Susie mit der Schleife im Haar.« Diese Passage wird freilich von irgendeinem untalentierten Wechselbalg undeutlich, ja missverständlich intoniert, sodass wir immer aus voller Brust mitsingen: »Das ist Susie, Susie mit der Scheiße im Haar«. Das nur zum besseren Verständnis des folgenden Geschehens.

Ida wirft mir also nach meinem fäkalen Scherz einen ebenso ungläubigen wie entsetzten, ja angeekelten Blick zu und ruft: »Papa, der Mama nicht Kacka ins Haar tun!«

»Nein, nein, mein Schatz«, beschwichtige ich sofort reumütig, »ich hab nur Spaß gemacht.«

»Papa, der Mama nicht Kacka ins Haar tun!«

»Nein, mein Schatz, das ist kein Kacka, das ist Haarfarbe. Schau, hier ist die Verpackung, das ist die Farbe ...«

»Papa, der Mama nicht Kacka ins Haar tun!« Nichts zu machen. Man erinnere sich: Dies ist das Kind, das mich mit »Cortez« in einen gebrochenen Mann verwandelte.

An diesem Abend heißen wir Gäste willkommen. Eine gediegene Runde, wir essen lecker, die Kinder tollen herum, und alle haben Spaß. Bis unsere Gäste nichts Dümmeres zu tun haben, als auf das Thema Haarefärben zu kommen.

»Ein schöner Farbton«, sagt unsere Bekannte zu meiner Frau und deutet auf deren frisch getönte Locken. »Ist da Henna drin?«

Die Antwort kommt postwendend von Ida: »Papa der Mama Kacka ins Haar getan!«

Diese Lektion habe ich gelernt.

Durchs Wurmloch zu Jesu Unterhose

Wenn Kinder fragen, sind sie gesund. Nach dem Gesundheitszustand der Eltern erkundigt sich niemand.

Wieso, weshalb, warum, wer nicht fragt, bleibt dumm. Selbstverständlich ist es eine stimulierende Herausforderung, Kindern den Lauf der Jahreszeiten, die Mendelschen Gesetze und den Schwänzeltanz der Biene zu erklären. Es ist wundervoll, ihnen das Pendeln der alten Standuhr und die Grundzüge der Wurmlochastrophysik zu erläutern. Beziehungsweise wäre es stimulierend und wunderbar, wenn es einem tatsächlich gelänge, ihnen diese Phänomene zufriedenstellend nahezubringen.

Leider gelingt das noch nicht einmal mit Jahreszeiten und Uhren. Und es gibt offenbar keinen finalen, autoritär in den Raum gestellten, eigentlich keinen Widerspruch und kein Nachhaken mehr duldenden Aussagesatz, der nicht von einem fröhlich neugierigen »Warum?« gekontert wird. Wahlweise mit »wieso?« oder »weshalb?«

Immerhin lassen sich die gängigen naturwissenschaftlichen Fragen mit vereinten familiären Kräften, Enzyklopädien, Wikipedia, Google, der »Sendung mit der Maus« und mehreren Telefon-Jokern zumindest ungefähr beantworten. Mit solchen im Prinzip lösbaren Aufgabenstellungen begnügen sich Kinder freilich nicht. Sind genug simple Fragen für einen normalen Tag gestellt und irgendwie beantwortet worden, so etwa 273 Stück, folgen die besonderen Fälle. »Wieso ist Glas durchsichtig?«, »Wieso hat Wickie eine rosa Strumpfhose an?«, »Warum wird unser Auto nie gewaschen?« oder »Warum hat die Mama keinen Piller?«

Das Problem ist, dass auch scheinbar vernünftige Antwortversuche oft scheitern. Weil sie nicht wirklich etwas erklären. »Die Mama hat keinen Piller, weil sie eine Frau ist« – damit ist einem Kind nichts begreiflich gemacht. Das Warum bleibt im Raum stehen. Außerdem folgt nach weiteren Ausführungen: »Und warum hat der Papa keine Mumu?«

Eines Tages, nachdem Dana mit dem Kindergarten in der Kirche war, konfrontiert mich Dana damit: »Warum hat der Jesus am Kreuz nur eine Unterhose an?« Weil er tot ist? Weil er arm war? Weil er in einem heißen Land gelebt hat? Weil das dort dereinst Brauch war? Das sind keine Antworten, sondern Belege meiner Hilflosigkeit, und die behalte ich lieber für mich. Anderes fällt mir aber leider auch nicht ein. Ich suche im Internet, stoße aber nur auf Seiten, die Unterwäsche mit aufgedrucktem Glaubensbekenntnis anpreisen, und seltsamerweise Seiten, die sich mit Mel Gibson beschäftigen und unschöne Bilder zeigen. Am Tag drauf gebe ich die Frage an die Kindergärtnerin weiter, die hat mir die Sache schließlich eingebrockt. Die Erzieherin erzählt ohne zu zögern, wie wertvoll selbst alte Stofffetzen zu Jesu Zeiten waren, wie Schacherer dahinter her waren und sie aus dem Grund vor ihnen in Sicherheit gebracht wurden. Ich denke, darauf hätte ich auch kommen können. Bin ich aber nicht. Und ich hatte es auch nicht geschafft, mich irgendwie herauszureden.

Die Kinder selbst wissen hingegen, wie man sich im Nu lästiger Fragen entledigt. Perfektioniert hat die Antworttechnik meine Tochter Ida, als sie noch keine drei Jahre alt war.

Frage: »Warum bohrst du schon wieder in der Nase?«

Antwort: »Weil ich mach.«

Frage: »Weshalb hast du denn schon wieder dein Glas auf dem Tisch umgeschmissen?«

Antwort: »Weil ich hab.«

Frage: »Wieso ist es im Kinderzimmer schon wieder so entsetzlich unordentlich?«

Antwort: »Weil es ist.«

Eine ziemlich beeindruckende Taktik, fürwahr. Wieso strample ich mich auf jedes »Warum?« so armselig ab, wenn es doch so einfach geht? Von den Töchtern lernen, heißt von den Siegern lernen: Weil ich mach, weil ich hab, weil es ist.

Kürzlich zitierte mich in der Redaktion der Chef in sein Büro. »Wieso schreiben Sie schon wieder einen Artikel über Horrorfilme, das interessiert doch keinen?« Ich dachte an Ida. Und antwortete: »Weil ich schreib.«

Am Abend ranzte mich meine Frau an. »Warum hast du schon wieder drei Bier getrunken? Und warum holst du dir noch eins?«

»Weil ich hab, und weil ich mach.«

Aber nein. Es hat in beiden Fällen nicht funktioniert.

Keine Pasta für Käpt'n Blaukraut

Es ist ein weitverbreitetes Vorurteil, zu glauben, dass Vorurteile meist zutreffen. Ein guter erster Satz. Aber bei dem Thema ist es nicht einfach, das Niveau zu halten.

Vorurteile und Klischees sind nämlich keine schöne Sache. Menschen werden ohne Zögern abgestempelt, etikettiert, in Schubladen gesteckt – allein schon wegen ihres Namens, ihres Aussehens oder ihres Glaubens. Natürlich versuchen moderne Eltern, ihre Kinder ohne Vorurteile und Klischees zu erziehen. Schließlich sollte jedes Individuum, nun, individuell wahrgenommen werden, unabhängig von Hautfarbe, Religion und Nationalität. Da wird einem jeder blonder Äthiopier, der Buddhist ist, aus vollem Herzen beipflichten.

Wer hat denn schon etwas von solchen Klischees wie: Der Italiener baut rostanfällige Autos und brüllt in zwei Handys gleichzeitig, er liebt seine Mamma, Ferrari und den Papst, selbst Signore Ratzinger? Nein, der Italiener ist so vielfältig und widersprüchlich wie alle anderen Menschen auch. Nur eines stimmt: Der Italiener liebt Kinder abgöttisch. Die Bambini verwöhnt und verhätschelt er, und vor allem bekocht er sie mit viel Liebe und noch mehr Olivenöl.

Wir fassen den Plan, mit dem Nachwuchs, kaum ist er gaststubenrein, essen zu gehen. Und natürlich wählen wir einen Italiener, da der in unserer Gegend gern landestypische Kindergerichte anbietet wie Pizza, Rostbratwurst und Spätzle mit

Soße. Wir suchen uns eine neueröffnete Trattoria aus – und erleben eine echte Überraschung.

Allerdings keine erfreuliche: Wir werden umgehend wieder herauskomplimentiert. Die Wirtin verweigert nämlich Familien mit Kindern Eintritt und Verköstigung. Für die Kleinen keine Pasta, basta. Die Betreiber wollen nämlich ein »anspruchsvolles Lokal« in der Provinzstadt etablieren, sagen sie jedem, der es nicht hören will.

Vielerorts bemühen sich Gastronomen im Rahmen ihrer Phantasie und Möglichkeiten um Kinderfreundlichkeit. Es sind Investitionen in die Zukunft, denn die Sabberer von heute sind die Mampfer von morgen. Also: außen Hüpfburg, innen Kinderteller. Auf den Speisekarten finden sich das »Pumuckl-Schnitzel«, und Pommes mit Ketchup werden notfalls als »Hein Blöd« verkauft. Derzeit wird sogar Harry-Potter-Kürbisgemüse aufgetischt und Drachensteak Eragon. Fehlen nur der Herr der Zwiebelringe, Bienenstich Maja und Käpt'n Blaukraut, aber das ist nur eine Frage der Zeit.

Vom Blaukraut zurück in die azurblaue Realität: »Azzurro« nennt sich nämlich die selektive Trattoria. Paare mit älteren Kindern werden zwar großzügig geduldet, dafür sind auch keine Rollstuhlfahrer erwünscht, nicht einmal erwachsene. Warum haben die nicht auch noch einen Türsteher, der Ausländer abweist, zum Beispiel andere Italiener? Und ältere Menschen, nach dem Motto: wo kein Kinder-, da auch kein Seniorenteller! Menschen mit O-Beinen, Parodontose und Hühneraugen? Fort mit ihnen, wer will denn die am Nachbartisch wissen?

Am besten eröffnen sie eine Edeltrattoria für genetisch gesunde, kinderlose Arier mit Spitzeneinkommen. Eintritt nur mit polizeilichem Führungszeugnis, den aktuellen Blutwerten aus dem Labor und dem Kontoauszug.

»Wir dürfen uns die Gäste aussuchen, die wir wollen«, spricht die Wirtin. Der Laden soll »nicht zum Kindergarten verkommen«. Und für jeden gebe es schließlich das passende Lokal. Diese Gastronomen selber dürften dann wohl »Zum fröhlichen Faschisten« einkehren.

Die Wirte könnten ihren Standpunkt statt mit rigorosen Worten viel geschickter via Angebot und Speisenkarte vermitteln: keine kleinen Portionen, viel Meeresgetier und noch mehr Grünzeug; die alkoholfreien Getränke kräftig überteuert. Aber nein, das »Azzurro« bevorzugt es ramboverbal. Fehlt nur das »Wir müssen draußen bleiben«-Schild samt Kinderwagensilhouette.

Ob auf hohem Niveau gekocht wird, können wir nicht nachprüfen, aber mit Gewissheit kocht nun die Volksseele: Auf den Leserbriefseiten der lokalen Gazetten erlebt das »Azzurro« sein blaues Wunder, aber es gibt auch Zustimmung. Fragen tun sich auf: Sind Wirte die besseren Pädagogen? Wird das »Azzurro« zum Feinschmeckertempel der Kinderfeinde, die sich endlich mal in Ruhe ein Bergziegencarpaccio an Balsamico-Reduktion für 32 Euro auf der Zunge zergehen lassen wollen? Wo sind die Verfechter der political correctness, wenn man sie mal braucht? Wahrscheinlich italienisch essen! Überhaupt: Deutschland, das kinderfeindliche Land, das kennt man ja schon, aber nun auch noch die Italiener …

Ach ja, übrigens: Die Besitzerin des »Azzurro« ist gar keine Italienerin. Sie kommt aus der Oberpfalz. Dachten wir uns doch gleich. Weil Italiener kinderlieb sind.

Wir gehen mit unseren Kindern natürlich trotzdem Essen. Wir favorisieren jetzt ein gutbürgerliches schwäbisches Gasthaus. Dort machen sie eine sehr leckere Pizza.

Die Mühlen innerfamiliärer Justiz

Gellende Schreie, Höllengezeter und Hasstiraden. Tränen, Geifer und Rotz.

»Blöder Kackascheißarsch«, plärrt Ida in Richtung ihrer Schwester Dana, »blöder Kackascheißarsch«.

Mit einem simplen »Das sagt man nicht« ist es hier nicht getan. Es ist mal wieder an der Zeit, den Höchsten Familienrichter in Gestalt meiner Person einzuschalten und Gerechtigkeit walten zu lassen. Dieser ehrenwerte Richter tritt sein Amt freilich erst bei vehementen Handgreiflichkeiten und Streitsachen über 120 Dezibel an, also wenn die Kinder startende Jets und Discobeschallung übertönen, was täglich nur selten häufiger als sieben Mal der Fall ist.

Bagatellvergehen werden aufgrund ihrer Masse im Alltag kaum mehr geahndet, bestenfalls im Schnellprozess. Aber »blöder Kackascheißarsch« verlangt denn doch nach Rüge und Klärung und eventuell Abschreckungsmaßnahmen.

»Das will ich nicht nochmal hören!«, maßregele ich Ida also mit strengem Gesichtsausdruck. »Das ist sehr grob und sehr eklig.« Nun müssen wir der Angelegenheit auf den Grund gehen. »Warum sagst du blöder Kackascheißarsch zu deiner Schwester?« Ida soll ja eine Chance zu ihrer Verteidigung haben. Außerdem wüsste ich gern das Motiv für den verbalen Übergriff.

»Weil die Dana Kackascheißarsch zu mir gesagt hat!«, schreit Ida völlig empört.

Aha, somit ergibt sich bereits eine neue Faktenlage. Ich erkenne den Bedarf an weitergehenden Recherchen und Fragen und lege geistig in dieser Streitsache den Aktenordner »Dana gegen Ida Nr. 13 275« an.

»Und warum hast du Kackascheißarsch zu Ida gesagt?«, verhöre ich also nun Dana. Es soll mir keiner nachsagen, dass ich nicht gründlich arbeite.

»Weil die Scheißarsch zu mir gesagt hat!«

Es wird Zeit, einen Gutachter einzuschalten. Leider ist nur meine Frau greifbar.

»Was ist hier los?«, will ich von ihr wissen. »Was ist passiert?«

»Die Kinder streiten sich.« Da hat sie recht. Eine fehlerfreie Analyse. Kein Wunder, dass Gutachter so hochbezahlt sind.

»Und worüber?«

»Keine Ahnung.« Klasse, ehrlich ist sie auch noch, die Gutachterin.

»Aber woher haben die Mädchen bloß diese Ausdrücke?«, hake ich nach.

»Frag dich das lieber selbst.« Allerhand ist das, eine Missachtung des Gerichts! So wird das nichts! Abgang der Gutachterin. Leider sind auch keine Zeugen greifbar.

»Warum hast du Scheißarsch zu Dana gesagt?«, nehme ich das Verhör wieder auf.

»Weil die mich gebissen hat!«, sagt Ida.

Aha, die Faktenlage klärt sich. Es dreht sich nicht nur um Worte, sondern auch um Taten. Höchstwahrscheinlich ein Fall von Selbstjustiz. Bisspuren sind tatsächlich auf Idas Handrücken auszumachen.

»Dana, warum hast du Ida gebissen?«

»Weil die mich gekratzt hat.«

Aha, der Fall liegt doch nicht so einfach. Tatsächlich gibt es Kratzspuren auf Danas Unterarm. Anstrengend, diese Indizienprozesse. Justitia, steh mir bei.

»Ida, warum hast du Dana gekratzt?«

»Weil die mich an den Haaren gezogen hat.«

»Warum hast du deine Schwester an den Haaren gezogen, Dana?«

»Weil die mich getreten hat!«

»Warum hast du Dana getreten?«

»Weil die mich gehauen hat!«

»Warum hast du deine Schwester gehauen, Ida?«

»Weil die mich geschubst hat!«

»Dana, warum hast du deine Schwester geschubst?«

»Weil die blöder Kackscheißarsch zu mir gesagt hat!«

Nein, mögen andere hier Recht sprechen. Ich lasse den Fall ruhen und lege mein Amt nieder.

Buchstabieren lernen mit der Bahn

A, B, C. Eins, zwei, drei. Wie leicht lässt sich dem neugierigen Nachwuchs Rechnen, Schreiben, Lesen beibringen, wenn man den modernen Alltag nur mit offenen Augen betrachtet. Großstadtkinder begreifen beispielsweise schon im frühesten Alter dank öffentlicher Verkehrsmittel die natürlichen Zahlen. U-Bahn-Zug um Zug lernen sie etwa in Berlin die Zahlen von eins bis neun kennen: eben von der U 1 bis zur U 9. In München reicht das U-Bahn-Netz bis zur Sechs, in Hamburg leider nur bis zur Drei. Bildung ist eben Ländersache, da soll sich jetzt keiner beschweren.

Was soll ich denn da sagen? Wir leben zwar auch in einer sogenannten Großstadt, aber in einer kleinen, da fährt überhaupt keine U-Bahn. Als Alternative muss die Straßenbahn herhalten, die gibt es nämlich sehr wohl. Und zwar genau eine Linie. Sie heißt, selbstverständlich, Linie eins, aber darin wird nicht gesungen. Viel lernen lässt sich damit auch nicht.

»Wir kommen wir zum Stadion?«

»Mit der eins.«

»Und welche Linie fährt zum Westbad?«

»Die eins.«

»Welche Straßenbahn hält am Bahnhof?«

»Linie eins.«

Das reicht in Mathematik nicht: für eine Eins.

Man muss also findig sein. Man nehme als Beispiel etwa das Einmaleins, und zwar ohne Straßenbahn. Mittels Eierkartons lässt sich zwei mal fünf oder auch sechs mal sechs veranschaulichen, und aus Vaters Bierkonsum lässt sich ableiten, was zwei mal drei (Sixpack) oder vier mal fünf (Kasten) ist. Leider führt diese Methode, muss man die Aufgaben zu oft wiederholen, zu pathologisch erhöhtem Cholesterinspiegel beziehungsweise in den Alkoholismus. Aber es geht ums Prinzip: Augen auf, und schon erscheint die Welt wie ein multifunktionaler Lernkasten.

Immer mehr öffentliche Einrichtungen und Unternehmen stellen sich ihrer gesellschaftlichen Verantwortung und greifen uns Eltern pädagogisch kompetent unter die Arme. Heute steht auf dem Stundenplan: Buchstabieren lernen mit der Deutschen Bahn.

»Was heißt das B da oben?«, fragt die aufgeweckte fünfjährige Dana am Hauptbahnhof den Erziehungsberechtigten und deutet auf den großen Buchstaben oben an der Bahnsteig-Überdachung.

»Das ist der Haltebereich B«, sagt der Erwachsene. Und setzt zu wichtigen, wenn auch nicht lebenswichtigen Erklärungen an. »Der ganze Bahnsteig ist aufgeteilt in Zonen. Ein paar Waggons halten in A, die nächsten in B, undsoweiter. So kann man auf dem Bahnsteig gleich an die richtige Stelle gehen und dort warten. Der Zug hält ja nur zwei Minuten, und so müssen wir nicht rennen.«

»Abaaa ...«, Dana denkt scharf nach, »woher weißt du, wo welcher Wagen hält?«

»Das steht an dieser Tafel. Das ist der Wagenstandsanzeiger.«

»Wagenstandsanzeiger? Sagt der mir, wo der Wagen stand? Abaaa ...«

»Nein, auf dem sieht man, wo unser Wagen stehen wird.«

»Und was steht bei B?«

»Da hält die Erste Klasse.«

»Da müssen wir doch hin!«

»Nein, wir ...«

»Abaaa ... ich komm doch in die erste Klasse.«

»Wir gehen heute gleich in die zweite Klasse. Unser Platz ist im Wagen 14.« Ich zeige ihr das Ticket mit der Reservierung. »Wagen 14, Plätze 52 und 54. Und hier auf dem Wagenstandsanzeiger ist der Wagen 14 eingezeichnet – beim Buchstaben E. Unser Wagen hält also da vorn im Abschnitt E.«

Wir marschieren Richtung E.

Das Kind ist begeistert. »C ...D ... Das ist ja ganz einfach. Wie in der Lesefibel. Und da ist das E! Genau hier hält unser Wagen, oder?«

»Genau hier.«

Ich bin auch begeistert. Nur ein bisschen Zeitvertreiben am Bahnhof, und schon beherrscht die Tochter wesentliche Teile des Alphabets. Zumal man sich gleich noch ein wenig mehr die Zeit vertreiben und das Thema vertiefen kann: Der Zug hat etwas Verspätung, so 20 Minuten.

»Das ist eine tolle Sache, der Wagenstehtanzeiger«, sagt Dana, »jetzt warten wir genau an der richtigen Stelle.«

»Hm.«

Schließlich fährt der Zug ein.

Der Erwachsene dankt der Bahn: Erst die Buchstaben geübt, jetzt auch noch Zahlen: »Wagen 11 ...12 .... 13 ... Wagen 27, Wagen 22.«

»Wo ist denn jetzt unser Wagen?«

»Verdammt, keine Ahnung. Ich glaub, da vorn beim B.«

»Abaaa …«

»Sei ruhig und renn jetzt!«

Mit Normalbenzin zum Neptun

Papa fährt auf Dienstreise. Ein paar Tage auf einem Filmfestival in Flandern hat er vor sich. Ein paar Tage ohne die Liebsten – dafür mit Kumpels, Kino und Konzerten, Pommes, Majo und Bier. Die Familie begleitet Papa zum Bahnhof, der Volvo knattert durch die Innenstadt.

»Du musst bald tanken, wenn ich fort bin«, sage ich, mit einem Blick auf die Tankuhr, zu meiner Frau. Als ob sie das nicht selber sehen würde. Was man halt so sagt: »Ich muss in die Kneipe«, wenn man in den leeren Kühlschrank blickt. »Ich muss duschen«, wenn man an sich riecht.

»Was müssen wir tanken?«, fragt Dana.

In meiner Familie bin ich nicht nur Brotmacher, Poabwischer (mittlerweile a.D.) und Haarpfeife, sondern auch der Betanker. Aus unerfindlichen Gründen ist der Tank nur dann fast leer, wenn ich am Steuer sitze.

»Was muss in den Tank?«, kräht Ida.

Ich beschließe, den Kindern mittels einer Eselsbrücke Auskunft zu erteilen.

»Wie ist denn die Mama so?«, frage ich die Mädchen.

»Pass auf, Mann, was du sagst«, wirft meine Gattin ein, die mir Ungutes unterstellt.

Ich verzerre das Gesicht zur Fratze. »Ist die Mama so? Bescheuert? Verrückt?«

»Manchmal«, sagt Dana.

»Aber im Prinzip, meine ich. Ist sie bekloppt?«

»Gestern hat sie ...«, beginnt Ida.

»Nein, sie ist nicht verrückt. Sie ist normal«, sage ich. »Deshalb muss sie Normal tanken.«

Meine Frau schüttelt den Kopf. Aber ich bin stolz auf meine im Handumdrehen improvisierte Eselsbrücke. Von nun an wird keiner in meiner Familie jemals vergessen, was in den Tank kommt.

Eselsbrücken sind nämlich etwas Wunderbares. Sie helfen, Ordnung in eine unübersichtliche, widersprüchliche Welt zu bringen. Sie sind wie genoppte Haltegriffe in einer schlierigen, seifigen Dusche. Wie Griffeisen und Seile am eisigen Nordhang des Viertausenders. Und sie sind ein Zeichen für Intelligenz.

Damit sind nicht nur die billigen, schlecht geschmiedeten Verse aus dem Geschichtsunterricht gemeint (»Acht, null, null – Karl steigt auf den Stuhl«) oder die kruden Sprüche, mit denen sich Biochemiker die essenziellen Aminosäuren des Menschen merken: »Phänomenale Isolde trübt mitunter Leutnant Valentins lüsterne Träume«. Nein, es existieren ganz praktische, geradezu sympathische Eselsbrücken.

Wie viele Menschen gibt es zum Beispiel, die nicht imstande sind, sich die Planeten unseres Sonnensystems zu merken. Dabei ist das geradezu absurd einfach. Vorausgesetzt, man hat die passende Eselsbrücke im Kopf. Schon seit Schultagen sage ich dazu ein Sprüchlein auf: »Mein Vater erklärt mir jeden Sonntag unsere neun Planeten.« Was das bringen soll, wenn er das jeden Sonntag tun muss? Es ist ganz einfach:

(M)ein = (M)erkur
(V)ater = (V)enus
(E)rklärt = (E)rde
(M)ir = (M)ars
(J)eden = (J)upiter
(S)onntag = (S)aturn
(U)nsere = (U)ranus
(N)eun = (N)eptun
(P)laneten = (P)luto

In einer Projektwoche in der Schule beschäftigt sich Dana mit »Sonne, Sterne, Mond und Erde«. Dank ihres Vaters, der ihr jeden Sonntag unsere neun Planeten erklärt, ist sie darauf bestens vorbereitet. Schon am ersten Tag der Projektwoche kommt sie aus der Schule nach Hause und ist sauer auf mich.

»Papa, du hast mir Blödsinn beigebracht. Es gibt gar keine neun Planeten.«

»Doch! Mein Vater erklärt mir ...«

»Falsch!«

Dana und Wikipedia klären mich auf: Seit meiner Beschäftigung mit Astronomie ist unserem Sonnensystem tatsächlich ein Planet verlustig gegangen. Beziehungsweise hat die internationale vereinigte Vaterdemütigungsbewegung der Astronomenidioten den Pluto zu einem Zwergplaneten herabgestuft, und ich stehe als Eselsbrückendepp da.

Was tun? Fragt nicht nur Zeus, der für Pluto ja auch zuständig sein sollte. Ich suche in den Weiten des Alls und meines Gehirns nach einem Ausweg.

»Mein Vater erklärt mit jeden Sonntag unsere acht Planeten«, ergibt leider keinen Sinn.

»Mein Vater erklärt mir jeden Sonntag unsere neun«, noch weniger.

»Wir sagen jetzt was anderes«, erklärt Dana. »Mein Vater erklärt mit jeden Sonntag unseren Nachthimmel.«

Ich fühle mich wie ein Zwergplanet. Dennoch ist die neue Eselsbrücke gut, und sie widerlegt meine Vorlage ja nicht grundsätzlich.

Flandern wird ein voller Erfolg. Kumpels, Kino und Konzerte, Pommes, Majo und Bier. Bestens gelaunt kehre ich nach ein paar Tagen zurück, die Familie holt mich am Bahnhof ab, und wir zuckeln im Volvo nach Hause. Der Tank ist ziemlich voll.

»Na, hat das mit dem Benzin geklappt?«, frage ich meine Töchter augenzwinkernd.

»Ja«, ruft Ida, »wir haben Super getankt.«

»Hat super geklappt?«

»Nein, wir haben Super getankt!«

Ich steige auf die Bremse.

»Wie du es uns beigebracht hast!«, erklärt Dana stolz. »Wir haben die Mama gefragt, wie sie so ist. Und sie hat gesagt: Super natürlich.«

Ich frage mich ernsthaft, ob Eselsbrücken noch zeitgemäß sind. Und weshalb meine Frau nicht gleich Super plus getankt hat.

Gender-Forschung für den Swingerclub

Mädchen rosa, Jungs hellblau.
Mädchen Puppen, Jungs Autos.
Mädchen zicken, Jungs kloppen.

Nein, das ist alles längst vorbei, geradezu vorgestrig. Wir leben schließlich in einer post-emanzipierten Welt: einer modernen Gesellschaft, die von mittlerweile jahrzehntelanger Gender-Forschung und fruchtbaren Debatten über Geschlechter-Differenz profitiert hat. In der Frauen zwar noch immer oft nicht die gleichen Gehälter beziehen wie Männer in gleichen Positionen und sie noch immer nicht adäquat in Führungspositionen zu finden sind – in der aber immerhin eine Kanzlerin das Sagen hat und junge Akademikerinnen in großer Zahl zum großen Sprung auf die Karriereleitern ansetzen.

Na, was man sich heute als optimistischer Vater von zwei Töchtern eben so denkt. Dann schaut man sich auf dem Spielplatz um, wo vor allem Mütter sitzen – wahrscheinlich all die Akademikerinnen, die zum großen Sprung ansetzen – und ihre Kinder zeitgemäß und aufgeklärt für ein neues Zeitalter fitmachen, jenseits abgestandener Rollenklischees. Oder etwa nicht?

Zwei Mädchen spielen im Sand. Ein Junge kommt hinzu und nimmt sich, ohne zu fragen, eine Schaufel. Die Mädchen wollen das Spielzeug nicht hergeben, ein Handgemenge entsteht.

Die Mutter des einen Mädchens: »Ihr müsst schon andere Kinder mitspielen lassen.«

Die Mutter des anderen Mädchens: »Und auch mal lernen, was herzugeben und zu teilen!«

Ein paar Meter weiter spielt ein Junge im Sand. Ein anderer Junge kommt hinzu, greift sich den Bagger, selbstverständlich auch wortlos.

Die Mutter des ersten Jungen: »He, he, der gehört Anselm. Das ist unserer!« Und zu ihrem Sohn: »Du musst das nicht einfach hergeben. Hol dir den Bagger zurück!«

Die Mädchen streiten sich inzwischen richtig, bewerfen sich mit Sand.

Mutter eins: »Hört sofort auf!«

Mutter zwei: »Ihr macht euch schmutzig.«

Die Mädchen werden getrennt.

Mutter eins: »Man darf nicht immer sofort streiten und sich hauen.«

Mutter zwei: »Wenn es ein Problem gibt, muss man erst miteinander darüber reden.«

Auch bei den Jungs gibt es Streit, sie bewerfen sich ebenso mit Sand, kloppen sich.

Die umstehenden Mütter lächeln verlegen: »Ach, Buben, so sind sie halt.«

Ein Junge spuckt dem anderen ins Gesicht.

Eine Mutter: »Ja, Jungs, hi, hi.«

Der Spielplatz ist das Testgelände für die Gesellschaft von morgen – da bin ich aber mal gespannt auf die ganz neuen Männer und ganz neuen Frauen. Dabei beginnt das Geschlechtertraining ohnehin noch früher – im Kinderzimmer. In unserer jungen Familie war klar: Unsere Mädchen dürfen natürlich spielen, mit was sie wollen. Puppen oder Playmobil, Baukasten oder Ball, wie es ihnen gefällt. Eine Selbstverständlichkeit für meine Gattin: Sie hat als Kind kaum mit Puppen gespielt, dafür viel mit Legos und einem Kaufladen, dazu gern und oft gemalt. Und eine Selbstverständlichkeit für mich: Ich habe als Kind kaum mit Autos gespielt, dafür viel mit Legos und einem Kaufladen, dazu gern und oft gemalt.

Die Vorstellung, dass meine Töchter mal mit Barbie-Puppen spielen könnten, war mir freilich trotz aller theoretischen Gelassenheit ein Graus. Trotz aller Geschlechterrollen-Souveränität. Nein, nicht trotz, sondern wegen ihr. Denn das plüschig-tussige Barbie-Frauenbild, das 50er-Jahre-Heimchen-am-Herd-Miefigkeit mit Jet-Set-Sexy-Hexy-Attitüde verbindet, das wollte ich nicht als Orientierungsvorlage für meine Töchter. Dafür haben sie doch nicht vor 35 Jahren ihre BHs verbrannt – oder bringe ich da jetzt was durcheinander?

Keine Barbies also, das war zumindest meine Haltung noch vor wenigen Jahren. Heute haben meine Töchter zehn oder mehr Barbie-Puppen, und seit meiner ersten echten Konfrontation mit dem kompletten Sortiment im Spielwarenhorrorladen finde ich das gar nicht mehr so schlimm. Denn ich habe Barbies noch viel schrecklichere Konkurrenz gesehen. Was sind schon diese naiven Safari-, Filmstar- und Prinzessinnen-Outfits gegen das Party-Styling von Barbies Kolleginnen, das eher an Sexurlaub und Swingerclub denn an Kinderzimmer denken lässt?

Etwa die Modelle der »heißesten Lifestylemarke für alle Mädchen, die in sein wollen«, die anscheinend Gürtel statt Rock und sonst fast nichts tragen, höchstens noch Gold- und Silber-Accessoires »für heiße Disconächte«. Nicht nur durch Kleidung, auch physiognomisch vermitteln diese Puppen der Zielgruppe, und das sind Kinder ab sechs, dass erstrebenswerte Attraktivität vor allem beim Schönheitschirurgen, in Solarien und Erotik-Shops zu erwerben ist.

»Was sollen denn die Kinder damit spielen«, frage ich unter Schock im Laden. »Treff der Dorfschlampen? Straßenstrich von Minsk?«

Meine Gattin weist mich darauf hin, dass diese Aussage sowohl sexistisch als auch rassistisch ist. Dann betrachtet auch sie die Puppen genauer. Zwei Minuten später meint sie: »Vielleicht nicht Minsk, aber Petersburg oder Kiew.«

Und daher empfinde ich Barbies wertkonservativen Tussi-Schick tatsächlich längst als kleineres Übel. Und war ihr guter Amigo Ken nicht schon immer sogar seiner Zeit voraus, nämlich geradezu metrosexuell? Auf dem Spielplatz von heute würde er damit freilich keine Schaufel und keinen Bagger abbekommen.

Junge Familie de luxe mit Muff und Spülgeräusch

»Papa, wir haben jetzt auch ein Kind.«

»Wie alt ist es denn?«

»Vier Wochen.«

»Dann kann es ja noch gar nicht laufen.«

»Nein, aber reiten und Roller fahren.«

Ach, wie rührend, wenn die Mädchen selbst Mama und Familie spielen. Und wie nett, dass die Spielzeugindustrie zu diesem Zweck vielfältige Hilfen bereitstellt – vor allem Babypuppen. Der Umgang mit diesen Puppen erweitert die soziale Intelligenz, wie man es sich nie zu träumen gewagt hätte. Oder zu albträumen.

Die Kinder lieben ihre Puppen mit den sogenannten »lebensechten Funktionen«. Als da wären: »Weinen, am Fläschchen trinken, in die Windeln machen und aufs Töpfchen gehen«. Tatsächlich, ich kann es bezeugen, es ist so wie es im Buche, also im Kataloge steht: Sitzt der Junge »auf seinem magischen Töpfchen, ertönt eine lustige Melodie. Wird der Spülknopf betätigt, ist ein Spülgeräusch zu hören und ein Herzlicht blinkt dazu auf.« Fast wie im richtigen Leben.

Die 43 Zentimeter großen Babys sind immerhin »hellhäutig« und »dunkelhäutig« sowie als »freche Zwillinge« lieferbar – ästhetisch sind sie alle gleich fragwürdig und scheinen einem Gen-Pool voller dekadentem Zivilisationsmüll zu entstammen.

Neben Spezialnahrung, die die versprochene spielerische Ausscheidung samt lustiger Melodie ermöglicht, sind dazu allerlei Schuhe, Jacken, Strumpfhosen, Schnuller und Windeln erhältlich, auch Puppenwagen und Wickeltasche – eben alles, was man für eine Babypuppe zum Familiespielen benötigt. So weit, so zähneknirschend hinnehmbar.

Wir betreten einen Spielwarenladen mit extra großer Babypuppen-Ecke. Die Mädchen ignorieren sogar die Süßigkeitenberge und zerren mich weiter, obwohl ich gerade Gefallen am »Star Wars-Adventskalender mit 3D-Landschaft des Planeten Mustafar« finde. Als ich dann die Baby-Welt in ihrer vollen Pracht erblicke, gerate ich ins Wanken, will sofort auf den Planeten Mustafar, muss Halt suchen, erwische jedoch leider eine schielende Stoffkuh, die postwendend lostanzt und singt: »I like to move it, move it.« Tatsächlich möchte ich mich rasch bewegen, und zwar hinfort, aber es hilft nichts.

Von wegen, mit Babys wird harmlos Familie gespielt, füttern, aufs Töpfchen setzen und so. Die süßen Kleinen sind zum Beispiel für die »Stadttour de luxe« einkleidbar: »Er trägt eine beigefarbene Cargohose, ein dunkelblaues Poloshirt mit Häschen-Aufdruck, ein hellblaues Halstuch, eine edle Sonnenbrille und lässige Freizeitschuhe«. Und für sie, die Babydame von Welt, das Entsprechende in rosa. »Super schick sind auch die goldene Handtasche, in der Souvenirs Platz finden sowie die goldenen Sommerschühchen.« Très chic, Mademoiselle la Hosenscheißerin.

Mein Einwand, es handle sich um Babys, die in der Spielrealität bestenfalls ein paar Monate alt sind, werden von Dana und Ida beiseite gewischt: »Die wollen sich auch mal hübsch machen und ausgehen.« Wenn es nur hübsch hässlich wäre. Doch zu kaufen sind Ausstattungen wie »Reiten de luxe«, »Schnorchel-Spaß de luxe«, »Fahrradtour de luxe« und »Traumprinzessin de luxe«. Natürlich macht solch ein Baby auch »Urlaub de Luxe«, und »mit Hilfe ihres Reisepasses weiß sie auch immer, wer sie ist«. Für den Strand gibt's ein Rüschen-Bikini sowie »ein knapperes Höschen«. Passt denn da noch die Windel hinein?

Und immer: das Mädchen pretty in pink, der Junge in hellblau. Auch beim augenschmerzenden »Winterzauber de luxe«: Zum Kleidchen »gibt es einen edlen Poncho mit Pelzeinfassung, die rosa Winterstiefelchen und den passenden Muff«. Zum ersten Mal, ich kann nicht anders, kommt mir angesichts dieser Spielzeugberge der Spruch hoch, dass sie anderswo nicht genug zum Essen haben, und ich weiß, dass ich das nie denken oder gar sagen wollte und dass das eine nichts mit dem anderen zu tun hat; aber vielleicht doch.

Abgesehen davon ist Papa jetzt ohnehin bald »pleite de luxe«. Spätestens wenn die Kleinen das Prinzen- und Prinzessinnen-Set erspäht haben. Der Babyjunge erinnert dann übrigens laut Katalog an »eine visuelle Mischung aus Robin Hood und dem Rattenfänger von Hameln«. Letzteres erscheint mir passend.

Dabei sind wir noch gar nicht beim Zubehör angelangt. Damit sind nicht Warndreieck, Batterien oder Schraubenzieher gemeint, sondern die »Blubber Badewanne«, der Strand-Buggy und der Zauberschlitten samt Rentier. Sogar ein Geländewagen mit Pferdeanhänger gibt es und ein Einhorn: »Drückt man nun das linke Ohr des Einhorns, fängt es an zu laufen und ein magisches Hufe-Klappern ertönt«. Ja, die Babys von heute, die können zwar auch noch nicht laufen, aber schon reiten. Und fahren. Nämlich auf Babys City-Motorroller.

Eigentlich will ich meine Töchter fragen, woher das Kleinchen, das in sein magisches Töpfchen kackt, seinen Rollerführerschein hat, aber das alles erscheint mir nur noch absurd. Ich blättere im Prospekt und erfahre, dass die Mädchen- und Jungen-Puppen sozusagen Schwester und Bruder darstellen. Insofern bin ich dann doch noch einmal überrascht, als ich das Hochzeits-Set erspähe. Sobald die Babys den Bund der Ehe eingegangen sind, so locken die Werber, »kann der mitgebrachte Brautstrauß geworfen werden und beide können in die Flitterwochen aufbrechen«.

Was ist das, »Inzest de luxe«? Ja, und was treiben die zwei frischvermählten Babys dann miteinander in der Hochzeitsnacht? Für den nötigen Spielspaß sorgt vielleicht »die Rassel mit goldenem Piraten-Bär«. Und dann gehen die beiden sich gegenseitig an die Windeln, bis ein Herzlicht aufleuchtet oder das Spülgeräusch ertönt.

Vielleicht drückt diese beknackte, artifizielle Babywelt nichts anderes aus als: Ach, so schnell werden sie groß – und bleiben doch auf immer unsere kleinen Babys. Doch wie ich sehe, zeitigt die Hochzeitsnacht durchaus Folgen. Denn Babymädchen und Babybube bekommen das »Little Baby«. Ja, das Baby hat ein Baby. Und natürlich gibt es dafür wiederum reichlich teure Ausstattung. Alles »de luxe«, versteht sich. In rosa und hellblau, das versteht sich sowieso.

Külwalda, hilfe, hilfe, eine Tarantel

Angst ist etwas für Angsthasen. Eine gesunde Vorsicht ist etwas anderes, sie hindert uns daran, Politessen zu beleidigen, Polohemden zu tragen und Kutteln zu essen. Doch richtige Angst lähmt und engt ein. Meine Kinder sollen durchaus vorsichtig aufwachsen, aber dennoch angstfrei. Dazu gehört in unserer bildgewaltigen Welt auch, gewaltige Bilder ohne Schaden verarbeiten zu können: von Vader Abraham über Tom Cruise mit Augenklappe bis zu wilden Fantasyfilmen.

Gerade das Fantastische arbeitet mit emotional hochwirksamen Bildern. Meine Tochter Dana ging damit zunächst erstaunlich souverän um: Sie verliebte sich sogar in die Horrorpuppe Chucky, ohne durch diese Beziehung traumatisiert zu werden. Doch eines Tages wurde sie empfindsam. Sehr empfindsam. Auch vor Märchengestalten gruselte es ihr, vor Wölfen und Räubern; die Hexe in »Hänsel und Gretel« bereitete ihr Schlafprobleme, dabei sollte dieses Märchen eigentlich eher den Eltern Schlafprobleme bereiten.

Im Kinderballett nahm Dana an einer Inszenierung des »Zauberers von Oz« teil. Sie spielte und tanzte eine der süßen kleinen Hexen im Munchkinland. Die Geschichte von Dorothy und ihrem Hund Toto, von Blechmann, Vogelscheuche und Löwen begeisterte sie.

Also besorgte ich den wundervollen Technicolor-Musicalfilm und zelebrierte einen Filmnachmittag. Doch von wegen »Somewhere over the rainbow«: Dana wirkte angespannt. In der folgenden Nacht hörten wir, wie sie sich im Bett wälzte und schließlich aufwachte.

»Ich habe was Schlimmes geträumt. Da war so eine böse Frau mit grünem Gesicht!«

»Die Mama?«, fragte ich.

»Nein, es war die böse Hexes aus dem Film. Ich hab Angst vor der!«

»Das ist doch nur eine Schauspielerin, der sie das Gesicht grün angemalt haben.«

»Aber die ist wirklich gemein.«

Und so wurde der »Zauberer von Oz« alsbald wieder von unserer Filmliste gestrichen. Judy Garland und der Blechmann kamen in unseren cineastischen Giftschrank. Dort steht der oscargekrönte Streifen nun neben »Black Gestapo«, »Nackt unter Kannibalen« und »Die Satansweiber von Titfield«. Halt, wieso steht der im Giftschrank? Ach, dorthin hat ihn meine Frau getan!

Ich habe Gruselfilme schon immer geliebt. Boris Karloff als rührendes Frankenstein-Wesen, Christopher Lee als glutäugiger Dracula – Bilder und Eindrücke, die prägten, aber auch abhärteten. Den »Zauberer von Oz« ängstigend zu finden, auf den Gedanken wäre ich wohl nie gekommen. Freilich erinnere ich mich, wie ich – ungefähr mit zehn Jahren – ein B-Filmchen aus der Monsterwerkstatt von Universal Pictures sehen wollte: »Tarantula«. Die Betonung liegt auf »wollte«.

In »Tarantula« geht es um eine Vogelspinne, die nach missglückten Nährflüssigkeits-Experimenten ins Gigantische wächst und in Arizona Amok läuft. Das ist zumindest die Inhaltsangabe des Filmlexikons, darauf muss ich mich verlassen, denn bis zum Auftritt der Monsterspinne kam ich gar nicht: Schon in den Anfangsminuten tauchte in einer Laborszene eine physiognomisch derart deformierte Gestalt auf, mit Beulen, Warzen und Triefaugen, dass ich schreiend den Fernseher ausmachte, in mein Kinderzimmer stürzte, mir die Decke über den Kopf zog und so mehrere Stunden verbrachte.

Später schaute ich mir jede Art von Horrorfilmen an, auch wirklich düstere, brutale, hinterhältige. Schocker, neben denen die guten alten Gruselfilmchen stets harmlos wirkten. »Tarantula« lief später noch viele Male im Fernsehen, doch – nun, ich sah ihn mir nie an. Natürlich, ich wusste: Dieser Film aus dem Jahr 1955 konnte gar nicht so heftig sein. Aber das schlimm entstellte Gesicht war, in der Erinnerung aus Kindestagen, doch sehr, sehr, sehr schlimm, schlimm, schlimm entstellt gewesen. Eigentlich kann ich es noch immer genau vor mir erkennen: wie sich diese Fratze ins Bild schiebt ... Nein, ich habe gar keinen Bedarf, das nochmal zu sehen. Und überhaupt, richtig gut soll »Tarantula« gar nicht sein.

So eine sensible Seite ist ja auch keine Schande. Dana hat sie ebenso. Meine Frau und ich ließen kürzlich eine Freude aus Jugendzeiten wieder aufleben und kauften uns »Catweazle« auf DVD. Wie hatten wir die drolligen Abenteuer des mittelalterlichen Zauberers im England der 70er Jahre geliebt, seine süße Kröte Külwalda und seine Zaubersprüche: »Salmei, Dalmei, Adomei«. Als Buch hatten wir Dana »Catweazle« bereits vorgelesen, und so freuten wir uns darauf, sie an dem knarzigen

Humor der alten Fernsehserie teilnehmen zu lassen. Doch der Spaß währte nur kurz.

Sie zuckte nämlich zusammen, als Catweazle das erste Mal auftauchte.

»Der ist so gruselig«, sagte sie bleich.

Sálmei, Dalmei, Adomei?

»Und wie der redet, das ist furchtbar!«

Ich konnte es kaum fassen. Dieses Kind, einst windeltragend unerschrocken mit Chucky in der Stadt unterwegs, hatte nun die Hosen voll, wenn es britische Comedy sah. Andererseits: Tatsächlich sieht Catweazles Gesicht – mit den irre dreinblickenden Augen, der zinkigen Nase und dem fusseligen Bärtchen – ziemlich entstellt aus. So furchtbar übertrieben reagierte Dana in ihrer Furcht gar nicht. Eigentlich sogar nachvollziehbar.

Da kommt mir eine großartige Idee. Wir warten einfach ein paar Jahre ab, vielleicht bis Dana zwölf ist. Dann versuchen wir es noch einmal mit »Catweazle«. Wenn sie 14 ist, schauen wir zusammen den »Zauberer von Oz« an. Und wenn das klappt, wagen wir uns eines Tages vielleicht sogar an »Tarantula«. Dann sind wir auch im richtigen Alter – sie 16 und ich 50.

Links, rechts, wo ist das Schnitzel?

Wir steigen hungrig aus der U-Bahn und die Treppen empor. Zielstrebig wende ich mich nach links. »Gleich hier muss es sein.« Ich wedele mit dem Stadtplan. »Kommt schon, ich will mein Schnitzel. Mit Kartoffelsalat.«

Stadturlaub in Hamburg, und Papa sagt, wo es langgeht. Von Papa lernen, heißt sich orientieren lernen. Weil er Pläne lesen kann und sich zurechtfindet, als ob er Apachen statt Ägypter in der Ahnenkette hat. In dem Lokal, das wir fürs Abendessen ausgesucht haben, soll es laut Reiseführer große, leckere Schnitzel mit Kartoffel-Gurken-Salat geben, und das ist in unserem Dreimädel-plus-Vater-Haushalt stets konsensfähig.

Wir gehen links um die nächste Ecke und stehen vor dem Restaurant. Das heißt, wir müssten vor dem Restaurant stehen, weil es sich gleich ums Eck neben dem U-Bahn-Ausgang befindet. Tut es aber nicht.

»Kommt, sind wohl noch ein paar Meter«, sage ich und treibe die Familie an.

»Bist du sicher, dass es links war?«, fragt meine Frau.

Dieses Misstrauen schmerzt etwas. Nachdem ich sie und die Kinder schon jahrelang durch die Welt führe, sie traumwandlerisch sicher durch wilde urbane Straßendschungel und die einsame Steppe Süddeutschlands gelotst habe.

»Sind wir schon jemals irgendwo falsch gegangen, wenn ich den Plan in den Händen hatte?«, frage ich provozierend.

»Ja, in München«, sagt meine Frau. »Und in Berlin.«

»In München war der Plan nicht korrekt«, sagte ich. »Und in Berlin haben mich die Kinder abgelenkt.«

»Ich habe Hunger«, meckert Dana.

»Ich will Schnitzel«, meckert Ida.

»Ich habe Hunger und will Schnitzel«, meckert meine Frau. »Sollen wir da vorne jetzt noch mal links gehen oder rechts. Was sagt der Plan, den du in den Händen hältst?«

Der Plan sagt, dass wir längst da sein müssten. Also müssen wir wirklich gleich da sein.

Meinen Töchtern habe ich von Anfang an nachdrücklich beigebracht, wo links und wo rechts ist. »Rrrrrechts ist da, wo du schrrreibst. Und liiiiiinks da, wo du niiiichts schreibst.« Das ist doch mal eine tolle Eselsbrücke, vor allem wenn man keine Linkshänder in der Familie hat. Es gibt wirklich kaum etwas Ärgerlicheres als Menschen, die Richtungen verwechseln.

Ich hatte mal eine Freundin, die genau dieses Problem hatte. Sie bog am Steuer des Autos vier von fünf Mal in die falsche Richtung ab, wenn ich als kartenlesender Beifahrer Richtungs-Kommandos gab. Als ich das kapiert hatte, änderte ich meine Strategie und überwand mich, wenn wir nach links fahren sollten, tatsächlich »rechts« zu sagen. Natürlich ohne, dass ich meine Freundin in meine raffinierte Strategie einweihte. Auch wenn mir dieses Vorgehen im Grunde meines Herzens widerstrebte, so bogen wir nun immerhin zu 80 Prozent richtig ab. Im Falle der anderen 20 Prozent, wenn sie also tatsächlich nach rechts fuhr, obwohl ich rechts gesagt hatte, musste man Dialoge wie diesen hinnehmen:

»Wieso fährst du nach rechts?«

»Du hast doch rechts gesagt.«

»Aber links gemeint!«

»Warum sagte du dann nicht links?«

»Weil du dann immer nach rechts fährst!«

»Ja, aber wir sollten doch nach rechts. Oder?«

»Konzentrier dich auf den Verkehr und dreh um.«

Vergebens suche ich in Hamburg, wo meine Lieben und ich noch immer auf Schnitzeljagd sind, ein Straßenschild, um mich dann mittels Stadtplan neu zu orientieren. Na gut, dann muss eben der natürliche Richtungssinn des ägyptischen Apachen helfen.

»Nochmal nach links«, sage ich souverän zur Familie. »Liiiinks ist da, wo du …«

»… niiichts findest«, sagt meine Frau.

Als Literaturwissenschaftlerin hat sie für solche Anlässe stets das passende Gedicht parat. Es stammt von Ernst Jandl und wird jetzt mit spitzer Zunge vorgetragen:

»manche meinen
lechts und rinks
kann man nicht velwechsern
werch ein illtum»

Wir stehen plötzlich, kein Illtum, vor einem Restaurant. Es ist freilich nicht das gesuchte. Ich studiere die Speisenkarte.

»Die haben auch Schnitzel«, rufe ich freudig aus.

Im antwortenden Blick meiner Gattin könnte man jetzt nicht nur Hunger und Ungeduld, sondern auch etwas Verachtung sehen.

»Ich will aber dahin, wo es die großen und leckeren Schnitzel gibt«, sagt Dana.

»Und Kartoffelsalat«, meint Ida, die immerhin noch Restvertrauen zu ihrem Papa hat. »Das findest du doch?«

»Wir gehen noch einmal nach links«, entscheide ich, vielleicht ein wenig halbherzig.

An dieser Stelle könnte man noch einmal aus einem Buch zitieren. Nämlich »Oh, wie schön ist Panama« von Janosch. Darin biegen Bär und Tiger auf dem Weg ins Land ihrer Träume immer wieder in die gleiche Richtung ab. Jedoch: »Wenn man immer nach links geht, wo kommt man dann hin? Richtig! Nämlich dorthin, wo man hergekommen ist.«

Und so stehen wir wieder vor dem U-Bahn-Ausgang. Nun könnte man vollends ratlos sein, doch direkt daneben befindet sich das Restaurant. Man darf nur nicht sofort loslaufen, wenn man die Treppe hochkommt, sondern sollte sich etwas umsehen.

Bei Janosch würden Tiger und Bär jetzt vor Freude hin und her und ringsherum tanzen. Wir gehen einfach ins Lokal hinein.

»Na, also, was habe ich gesagt«, murmle ich.

»Lechts und rinks«, skandieren die Kinder.

»Vier Personen?« Der Kellner deutet in den hinteren Teil des Lokals. »Dort hinten ist noch ein schöner Tisch. Gleich da links! Links!«

Ich lasse die anderen vorgehen.

Die Schnitzel haben dann gut geschmeckt.

Statt einer Vita:

Es ist auch für einen gutwilligen Halbägypter nicht leicht, ein guter Deutscher zu sein

»Bist du Ägypter?« fragt mich der freundliche Einzelhändler. Wobei der Begriff Einzelhändler unzutreffend ist, denn der Pakistani handelt in seinem »Palaman Market – arabische und orientalische Lebensmittel« mit ungefähr allem. Es gibt Dosensuppen und Tiefkühlfisch, Mikrowellenherde und Windeln, Staubsauger und Porzellan, Brot, Badelatschen und Waschpulver. Selbstverständlich ist der Palaman Market auch Lottoannahmestelle und Otto-Shop, wodurch der Begriff von den arabischen und orientalischen Lebensmitteln schon sehr ausgereizt erscheint.

Der Inhaber zeichnet sich also durch einen kulturell indifferenten, man könnte auch sagen: kaufmännisch großzügigen Begriff vom Orient aus. Daher überrascht seine so dezidiert formulierte Vermutung, ich sei Ägypter. Freilich mag nicht nur mein tendenziell südländisches Äußeres zu seiner Einschätzung beigetragen haben, sondern die Tatsache, dass ich 20 Kilo Reis kaufe. Der ist nicht für mich, sondern für meinen Vater – und der ist Ägypter. Mit deutschem Pass natürlich, aber auch stets mit Unmengen Reis im Keller, was den Pass offenbar wieder aufwiegt. Ägypter mögen auf Demokratie verzichten, sagt mein Vater gern, aber nicht auf Reis. Ich male mir eine Szene aus, wie Beamte der Ausländerbehörde das Haus meines Vaters stürmen; er zeigt Pass und Einbürgerungsurkunde vor, aber dann stoßen die Beamten auf zwei Zentner Reis und sagen: »Wir müssen Sie leider ausweisen.«

»Nein, ich bin Deutscher«, sage ich zu Herrn Palaman Market, weil ich keine Lust auf genealogische Haarspaltereien der Art »Vater Ägypter, Mutter Deutsche« habe. Jetzt müsste er eigentlich listig auf die 20 Kilo Reis deuten und sagen: »Erzähl mir nichts. Zumindest kaufst du für einen Ägypter ein.« Das tut er nicht, hingegen beginnt er, mit mir Arabisch zu sprechen. Das ist nun auch keine meiner Kernkompetenzen, also zahle ich, murmle »Schukran, dankeschön« und gehe.

Es fällt ja schon vielen Deutschen nicht leicht, gute Deutsche zu sein, was soll da erst ein halber Ägypter sagen? Überhaupt, was soll ein halber Ägypter sein, der würde ja immer umfallen. Und was bedeutet eigentlich »Hintergrund« in dem Wort Migrationshintergrund? Ich habe eher vordergründige Erfahrungen gemacht. Ich bin es gewohnt, willkürlich, aber nachdrücklich in die unterschiedlichsten ethnischen Schubladen gesteckt zu werden. Der Feinkost-Italiener schwallt mich auf Italienisch voll, der Grieche glaubt mir nicht, dass ich kein Grieche bin, der Türke glaubt mir nicht, dass ich kein Grieche bin, der Katalane ist froh, dass ich kein Spanier bin, und alle wollen Drogen von mir. Und die deutschen Türsteher möchten, dass ich verschwinde.

Einst besuchte ich, als freier Mitarbeiter einer Tageszeitung, einen kleinen schwäbischen SPD-Ortsverein. Der Vorsitzende begrüßte mich mit einigen Türkischbrocken. »Ich komme nicht von Hürriyet«, sagte ich, aber das half nicht. Später am Abend bekam ich noch das Kompliment »Sie sprechen aber gut Deutsch« aufs Brot geschmiert. Ja, das macht einen in Deutschland geborenen, in Deutschland aufgewachsenen Muttersprachler, der zudem Germanistik studiert hat, richtig stolz.

»Woher kommst du?« fragte mich einst ein Kommilitone an der Universität München und fügte gleich an: »Nichts sagen!« Er begutachtete meine Physiognomie mit einer impertinenten Kennermiene, die noch einem Nazi-Rassenkundler gut zu Gesicht gestanden hätte. Dann tat er seine Forschungsergebnisse kund: »Dein Vater ist ein Spanier, deine Mutter eine Perserin.« Ich nickte natürlich: »Stimmt. Toll. Wie machst du das? Woher weißt du das?« Was soll man da sonst sagen?

Natürlich tut sich etwas in unseren Landen und Gauen. Die deutschen Tugenden in der Nationalmannschaft werden längst von Podolski und Boateng, von Cacao und Tasci vertreten, und deutsche Meister im Ringen heißen Shyyka und Bichinshvili. Wobei ich glaube, dass das deutsche Ringer-Nationalteam ebenfalls an keinem Türsteher vorbeikäme. Dafür wird jeder kanadische Eishockeyspieler, der mal ein deutsches Bier getrunken hat, hierzulande sofort eingebürgert und ins Nationalteam gesteckt.

Außerhalb des Spitzensports geht es etwas zögerlicher zu. Immerhin gibt's Spitzenjournalisten wie, nein, nicht Aboul-Kheir, sondern Giovanni di Lorenzo, und Fastspitzenpolitiker wie Cem Özdemir. Byambasuren Davaa und Fatih Akin drehen deutsche Filmerfolge, und Mehmet Kurtulus ist Tatort-Kommissar. Der würde immerhin auch meinen Vater nicht ausweisen, trotz der verdächtigen Reislager im Keller.

Und die besten Germanisten der Welt? Sind gewiss nicht die Halbägypter, sondern die Japaner. Tatsächlich, in Japan werden abertausende germanistische Arbeiten verfasst. Im germanistischen Oberseminar, das ich seinerzeit an der Münchner Universität besuchte, saß ein ungemein gravitätischer, ungemein freundlicher Japaner namens Herr Sasaki. Diese Koryphäe promovierte über einen gewissen »Gotte«. Damit war nicht Gott gemeint, sondern Goethe, was für Herrn Sasaki allerdings aufs Gleiche hinauslief. Herr Sasaki trug stets Anzug und Lächeln, seinen Sohn nannte er Wolfgang, und er forschte jahrelang über »Gottes autobiografische Schriften«. So viele Jahre lang, bis ihn seine wohlhabende Familie wieder – ohne Promotion – nach Japan zurückbeorderte, wo er heute wohl japanischen Deutschschülern das Wesen der teutonischen Seele und Gottes Wortkunst vermittelt.

Aber von Japan wieder nach Ägypten. Wenn ich dorthin reise, wohlgemerkt als Tourist mit deutschem Pass, werden die Grenzbeamten stets impertinent: Ich sei doch nie und nimmer Deutscher, rufen sie aus. Wenn ich dann erzähle, dass ich einen ägyptischen Vater habe, geht in ihren Gesichtern die Sonne auf: Ich sollte das mit dem Vater doch gleich sagen, dann müsste ich als Bruder aller ägyptischer Einreisebeamten keine Visumsgebühr zahlen. Mit dem vielen Reis im Gepäck gebe es dann auch keine Probleme mehr, und überhaupt, warum ich denn keinen ägyptischen Pass hätte.

Ich erkläre dann, dass Deutschland diese doppelte Staatsbürgerschaft nicht dulde. Doch um die Wahrheit zu sagen: Vor allem fürchte ich das ägyptische Militär. Ich habe keine Lust, zwei Jahre lang bei 45 Grad durch die libysche Wüste zu robben. Ich war nämlich schon bei der Bundeswehr und bin bei minus 15 Grad über oberbayerische Kuhwiesen gerobbt. Das muss genügen. Schukran, dankeschön.

Ja, tatsächlich, der Halbägypter war als Gebirgsjäger in Kniebundhosen unterwegs. Einer sehr identitätsstiftende biografische Episode.

»Du, Türk, komm da her«, rief mich damals im Manöver ein bajuwarischer Stabsunteroffizier.

Statt ihn durch Dialektik der anspruchsvollen Sorte »Wär ich ein Türke, wär ich nicht bei der Bundeswehr« zu provozieren, sagte ich einfach und wahrheitsgemäß: »Ich bin kein Türke.« Mit Halbägypter fing ich natürlich auch nicht an.

»Natürlich bist a Türk«, stellte der Stabsunteroffizier erneut fest, »schau di doch o.«

Ich blickte an mir herunter, sah das Schwarz-Rot-Gold und vor allem die Kniebundhosen und seufzte: »Na gut, bin i halt a Türk.«